AN BÉAL BOCHT

ISBN 978-1-899922-87-1 Bog
ISBN 978-1-899922-88-8 Crua

Deimhnítear gach ceart morálta an údair sa saothar seo de réir
Achta 1988 (R.A.)

Údar: Myles na gCopaleen
Cóirithe ón mbunGhaeilge ag Colmán Ó Raghallaigh
Eagarthóir Comhairleach: Breandán Ó Conaire
Ealaín: John McCloskey
Dearadh: Ray McDonnell
Bunaithe ar choincheap do script scannáin le Tom Collins

Buíochas le:
Pearse Moore (The Nerve Centre, Doire)
Darragh Ó Tuama (An Siopa Leabhar, BÁC 2)

Foilsithe ag Cló Mhaigh Eo,
Clár Chlainne Mhuiris,
Co. Mhaigh Eo, Éire.
www.leabhar.com
Fón: 094-9371744 / 086-8859407
eolas@leabhar.com
Clóbhuailte in Éirinn ag Clódóirí CL Teo.,
Indreabhán, Co. na Gaillimhe

Aithníonn Cló Mhaigh Eo tacaíocht
Fhoras na Gaeilge i bhfoilsiú an leabhair seo.

Foras na Gaeilge

MYLES NA gCOPALEEN

AN BÉAL BOCHT

NÓ
AN MILLEÁNACH

DROCHSCÉAL AR AN DROCHSHAOL CURTHA
IN EAGAR AG MYLES NA gCOPALEEN

CÓIRITHE ÓN mBUNGHAEILGE AG COLMÁN Ó RAGHALLAIGH
MAISITHE AG JOHN McCLOSKEY

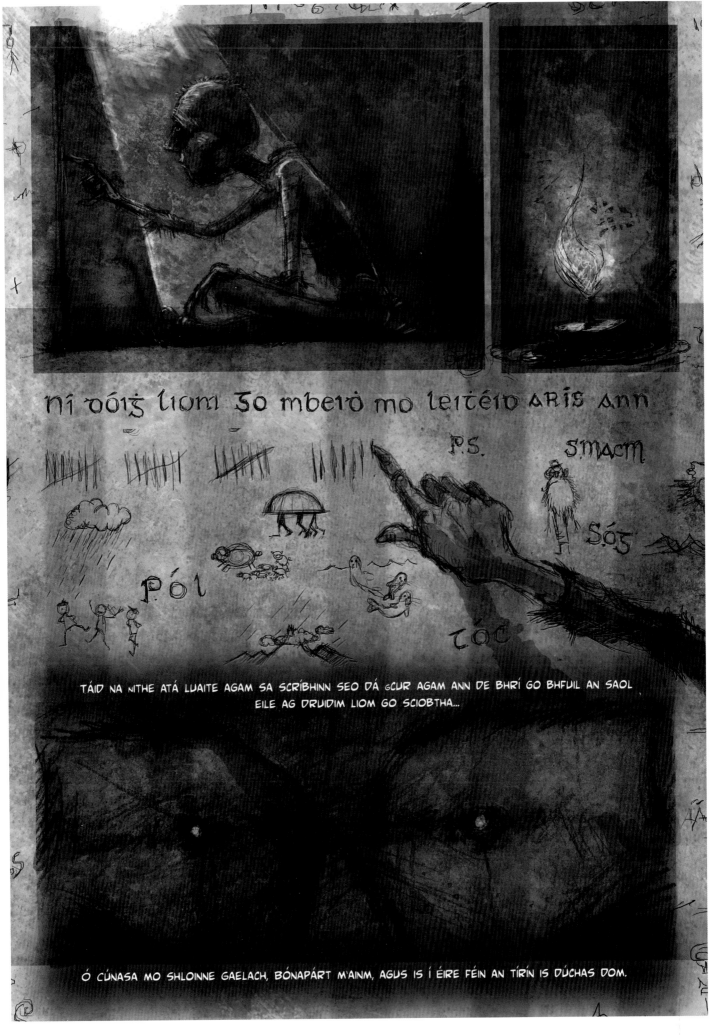

Ní dóig liom go mbeid mo leitéid arís ann

Táid na nithe atá luaite agam sa scríbhinn seo dá gcur agam ann de bhrí go bhfuil an saol eile ag druidim liom go sciobtha...

Ó Cúnasa mo shloinne Gaelach, Bónapárt m'ainm, agus is í Éire féin an tírín is dúchas dom.

CRÁÁÁC!

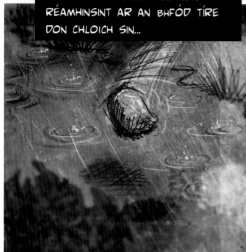

MÁ CHAITEAR CLOCH NÍL AON RÉAMHINSINT AR AN BHFÓD TÍRE DON CHLOICH SIN...

SPLAIS!

Lios na bpráiscín

AN OÍCHE ROIMH AN CHÉAD LÁ BREITHE DOM IS AMHLAIDH A BHÍ M'ATHAIRSE AGUS MÁIRTÍN Ó BÁNASA INA SUÍ AR MHULLACH CHRÓ NA GCEARC AG BREATHNÚ NA SPÉIRE DÓIBH, AG FAIRE AR AN UAIN, AGUS FÓS AG CAINT LE CHÉILE GO MACÁNTA CNEASTA AR DHEACRACHTAÍ AN TSAOIL.

MUISE, A MHÁIRTÍN, BEIDH FEARTHAINN ANN ROIMH MHAIDIN AGUS FÉACH GUR OLC AN TUAR É GO BHFUIL NA LACHAIN I MEASC NA NEANTÓG. TIOCFAIDH UAFÁS AGUS MÍ-ÁDH AR AN SAOL ANOCHT. BEIDH AN CAT MARA AR A BHONNAÍ LE LINN AN DORCHADAIS, AGUS MÁS FÍOR DOM NÍ BHEIDH AON DEA-CHINNIÚINT ROMHAINN ARAON GO DEO.

ÁÁÁÁA

ÁÁÁ

ÁÁÁÁÁ

MUISE, A MHICHEÁLANGALÓ, NÍ BEAG LE RÁ AN OIREAD SIN RÁITE AGAT, AGUS MÁS FÍOR DUIT NÍ BRÉAG ATÁ INSTE AGAT ACH AN FHÍRINNE FÉIN.

BHÍ DUINE EILE ROMHAM SA TIGH, SEANDUINE CAM CROMTHA A BHÍ AR MHAIDE, DHÁ THRIAN DÁ GHNÚIS AGUS LÁN A BHROLLAIGH GAN AON RADHARC ORTHU MAR GO RAIBH FÉASÓG FHIÁIN OLANNLIATH SA BHEALACH ANN...

BHÍODH SÉ INA CHÓNAÍ SA TIGH AGAINN AGUS BY DAD BA DHOCHREIDTE AN OIREAD PRÁTAÍ A D'ITHEADH SÉ, AN OIREAD CAINTE A BHEIREADH SÉ UAIDH, AGUS A LAGHAD OIBRE A DHÉANADH SÉ FAOIN TIGH.

I M'ÓIGE DOM I DTOSACH CHEAPAS GURBH É M'ATHAIR É...

BHÍOS I MO SHUÍ AR LEIC AN URLÁIR AG FAIRE AR MO MHÁTHAIR AGUS Í AG SCUABADH AMACH AN TÍ AGUS AG DEASÚ AN TEALLAIGH GO NÉATA LEIS AN TLÚ NUAIR A THÁINIG AN SEANDUINE ISTEACH ÓN NGORT

SSSFT!

SSSFT!

CLÁÁTCH!

FÉACH, A BHEAN, GUR URCHÓIDEACH MÍTHRÁTHÚIL AN SCLÁBHAÍOCHT SIN AGAT Á DÉANAMH AGUS BÍ CINNTE NACH TAIRBHE NÁ DEA-THEAGASC A THIG UAITHI DON TÉ ATÁ ANOIS AR A THÓIN AR AN URLÁR SA TIGH AGAINN...

...MAR IS LÉIR ÓS NA DEA-LEABHAIR GHAEILGE, IS NEAMHRIALTA MÍNÁDÚRTHA AN ÓILIÚINT AGUS AN TABHAIRT SUAS A BHEAS AIR GAN AON TAITHÍ AIGE AR AN NGRÍOSAIGH

MUISE, IS FÍOR DUIT, CÉ GURB ANNAMH AON CHIALL Á PLÉ AGAT, AGUS CUIRFEADSA THAR N-AIS GO FONNMHAR A BHFUIL SCUABTHA AGAM Ó LEIC AN TEALLAIGH.

PSSSSH!

SPLÁÁT!

GÁ GÁÁ!

IS CEART AGUS IS CÓIR SIN...

BEIDH ÚDAIR NA NDEA-LEABHAR SÁSTA ANOCHT...

FAOI MHEÁN OÍCHE TÓGADH AGUS CUIREADH ISTEACH SA LEABA MÉ, ACH IS AMHLAIDH A LEAN MORGBHOLADH AN TEALLAIGH SIN MÉ GO CEANN SEACHTAINE; BA LEAMH LOFA AN BOLADH É AGUS NÍ DÓIGH LIOM GO MBEIDH A LEITHÉID ARÍS ANN.

BHÍ SÉ RIAMH DE SHÍORCHINNIÚINT AG NA FÍOR-GHAEIL A BHEITH INA
GCÓNAÍ (MÁS INCHREIDTE NA LEABHAIR) I DTIGH BEAG AOLBHÁN IN
ASCAILL AN GHLEANNA AGUS TÚ AG TABHAIRT AN BHÓTHAIR SOIR...

ACH DÁLA AN TÍ INAR RUGADH MÉ I DTÚS
MO SHAOIL... BHÍ SÉ GREAMAITHE AR LEIB
CHARRAIGE AR GHUALAINN CHONTÚIRTEACH
AN GHLEANNA (CÉ GO RAIBH SUÍOMH TÍ
BREÁ LE FÁIL IN ÍOCHTAR AN GHLEANNA)
AGUS DÁ MBUAILFEÁ AMACH AN DORAS GAN
AON MHÓR-AIRE AR GHREIM DO CHOISE
AGAT BHEIFEÁ GAN AON RÓ-MHOILL I
BPEIRICEALL DO MHARFA Ó CHROCHTACHT
NA TÍRE.

ACH BHÍ RADHARC ÁLAINN UAIDH...

AG FÉACHAINT DUIT AMACH
FUINNEOG NA LÁIMHE DEISE,
B'IÚD THÍOS UAIT DÚICHE
MHAOL OCRACH NA ROSANN
AGUS GAOTH DOBHAIR, CNOC
FOLA AGUS OILEÁN THORAIGH

Na Rosa

AG FÉACHAINT AMACH AN
DORAS DUIT, CHÍFEÁ IARTHAR
CHONTAE NA GAILLIMHE, SLIOS
MAITH DE CHARRAIGREACHA
CHONAMARA, AGUS AMUIGH
UAIT I BHFARRAIGE ÁRAINN
MHÓR ...

Árainn

ÓN FHUINNEOIG CHLÍ... AN
BLASCAOD MÓR GO LOM
DOICHEALLACH INA LUÍ MAR
EASCÚ GO TLÁITH AR BHARR
NA DTONN. AN DAINGEAN
ABHUS, NA TITHE ANN
CRUINNITHE GO DLÚTH LE
CHÉILE.

An blascaod

NÍ CHUALA GO RAIBH AON TEACH EILE ANN CHOMH DEA-SHUITE IN AON ÁIT EILE AR DHROIM AN DOMHAIN.
B'AOIBHINN, DÁ BHRÍ SIN, AN TEACH ÚD AGUS NÍ DÓIGH LIOM GO mBEIDH A LEITHÉID ARÍS ANN.

ACH LE LINN M'ÓIGESE, BHÍODH DROCHBHOLADH SA TIGH I GCÓNAÍ AGAINN.

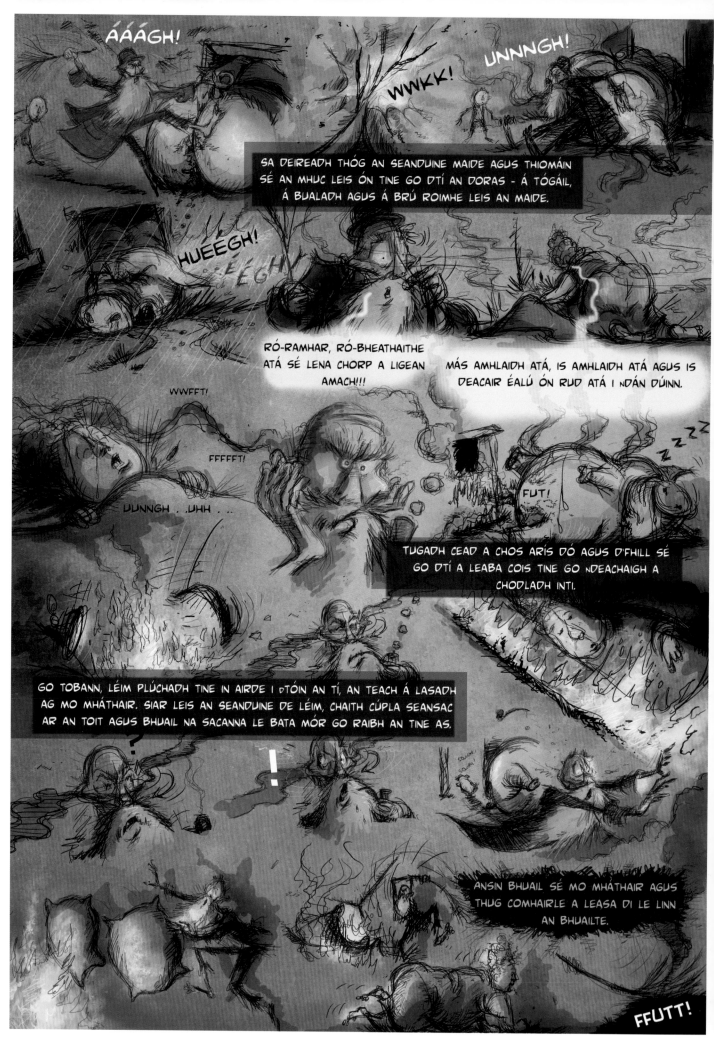

CHUAIGH MÁIRTÍN IN AIRDE AR DHÍON AN TÍ AGUS CHUIR SCRAITHEACHA FÉIR AR AN BPOLL DEATAIGH. ANSIN DHÚN SÉ AN DORAS AGUS DHÚN GO DAINGEAN LE CLÁBAR AGUS LE BRATÓGA ÉADAIGH AN DÁ FHUINNEOIG, IONAS NÁR FHÉAD AN T-AER DUL ISTEACH SA TIGH NÁ TEACHT AS.

PMMP!

NNGH!

PFFT!

PSSSH!

FSSSH!

ANOIS, NÍ MISTE DÚINN A BHEITH SUAIMHNEACH ANSEO GO CIONN UAIRE.

HUÉÉ!

HUÉÉ!

FFFRRRTT!

BBRRRPT!

FSSSST!

M'ANAM ÓN RIACH, NACH DTUIGIM AN OBAIR SEO AGAT ACH MÁS TAITNEAMHACH LEAT A BHFUIL DÉANTA AGAT NÍ CHUIRIMSE INA AGHAIDH.

FFT!

I NDEIREADH NA HUAIRE AMA SIN D'OSCAIL MÁIRTÍN Ó BÁNASA AN DORAS...

CLÁÁTCH!

FFRRRFFFT!

BHÍ AMBRÓS SÍNTE FUAR MARBH AR LEIC AN TEALLAIGH.

ÓNA BHRÉANTAS FÉIN IS EA A CAILLEADH É, AGUS CEO DUBH DEATAIGH ÁR DTACHTADH FÉIN.

CUIREADH AMBRÓS GO CUÍ IS GO HONÓRACH...

NÍ BEIÓ A LEITÉIÓ ARÍS ANN

BHÍ SEACHT mBLIANA SLÁN AGAM NUAIR A CUIREADH CHUN NA SCOILE MÉ. MÉ RIGHIN BEAG TANAÍ, BRÍSTE DE GHLAS NA CAORACH ORM ACH GAN AON GHREIM EILE D'ÉADACH ABHUS NÁ THÍOS UMAM. A LÁN TACHRÁN EILE NACH MÉ AG GABHÁIL AN BHÓTHAIR CHUIG TIGH NA SCOILE AN MHAIDIN SIN, RIAN NA GRÍOSAÍ FÓS AR BHRÍSTÍ A LÁN DÍOBH. A LÁN ACU AS DAINGEAN UÍ CHÚISE, CUID AS GAOTH DOBHAIR; CUID EILE ACU ANIAR AR AN tSNÁMH AS ÁRAINN.

SINN GO LÉIR GO GROÍ RÁBACH AR AN CHÉAD LÁ SCOILE DÚINN. FÓD MÓNA FAOI OXTER AN UILE DHUINE AGAINN.

SHUÍOMAR GO LÉIR AR BHINSÍ GAN FOCAL GAN BÍOG ASAINN AR EAGLA AN MHÁISTIR.

AN GHAELTACHT

AIMEIRGEAN Ó LÚNASA A BHÍ MAR AINM AR AN MÁISTIR. É DUBH LOM ARD; CUMA GHÉAR SHEARBH AR A GHNÚIS, GAN AON MHEAS AR AOINNE AIGE.

PHWAT IS YOUR NAM?

NÍOR THUIGEAS AN CHAINT SEO NÁ AON CHAINT EILE A CHLEACHTAÍTEAR AR AN GCOIGRÍCH. NÍOR FHÉADAS ACH STÁNADH AIR, MÉ BALBH ÓN bhFAITÍOS.

BHREATHNAÍOS THART GO SCAOLLMHAR AR NA MACAOIMH EILE. CHUALA COGAR AR MO CHÚL:

"T'AINM ATÁ UAIDH."

BHÍOG MO CHROÍ LE HÁTHAS...

ÁÁÁÁ!

PHWAT IS YER NAM?

D'FHÉACHAS GO CNEASTA AR AN MÁISTIR AGUS D'FHREAGAIR É:

BÓNAPÁIRT MÍCHEÁLANGALÓ PHEADAIR EOGHAIN SHORCHA THOMÁIS...

MHÁIRE SHEÁIN SHÉAMAIS DHIARMADA...

SULA RAIBH M'AINM RÁITE NÁ LEATHRÁITE AGAM, THÁINIG TAFANN CONFACH ÓN MÁISTIR AGUS GHLAOIGH SÉ ORM ANÍOS CHUIGE LENA MHÉIR. NUAIR A THÁNAG A FHAD LEIS BHÍ MAIDE RÁMHA FAIGTHE AIGE INA GHLAIC. BHÍ FEARG TAGTHA ANOIS INA RABHARTA AIR AGUS BHÍ GREIM CHUN GNÓTHA AIGE AR AN MAIDE LENA DHÁ LÁIMH.

SLAIS!!!

THARRAING SÉ THAR A GHUALAINN É AGUS THUG ANUAS ORM GO TRÉAN LE FUAMÁN GAOITHE, GUR BHUAIL BUILLE TUBAISTEACH SA CHLOIGEANN ORM.

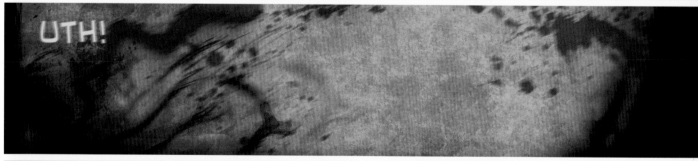

UTH!

THITEAS I LAIGE ÓN mBUILLE SIN ACH SULAR CAILLEADH NA CÉADFAÍ AR FAD ORM CHUALA SCREAD UAIDH:

YER NAM... IS JAMS O'DONNELL.

JAMS O'DONNELL? BHÍ AN DÁ BHRIATHAR SEO AG GLIOGAIREACHT I MO CHEANN NUAIR A THÁINIG MOTHÚ ARÍS ANN. FUAIREAS MÉ FÉIN SÍNTE AR LEATAOBH AR AN URLÁR, MO BHRÍSTE, MO GHRUAIG AGUS MO PHEARSA UILE AR MAOS Ó NA SLAODA FOLA A BHÍ AG STEALLADH ÓN SCOILT A BHÍ FÁGTHA AG AN MAIDE AR MO CHLOIGEANN.

UH?

FAOIN AM A RAIBH RADHARC CEART ARÍS SNA SÚILE AGAM, BHÍ MACAOMH EILE AR A BHONNAIBH AGUS A AINM Á FHIAFRAÍ DE.

PHWAT IS YER NAM?

!!!

U . . UUUH?

SLAIS!!!

JAMS!

O DONNELL!

JAMS!

SLAIS!!!

JAMS!

O DONNELL!

SLAIS!!!

MAR SIN DE GO DTÍ GO RAIBH GACH CRÉATÚR SA SCOIL TREASCAIRTE AIGE AGUS JAMS O'DONNELL TABHARTHA MAR AINM AIGE ORTHU GO LÉIR. NÍ RAIBH AON CHLOIGEANN ÓG GAN SCOILTEADH SA DÚICHE AN LÁ SIN. DAR NDÓIGH, BHÍ GO LEOR IS GAN FEIDHM NA GCOS FÚTHU NUAIR THÁINIG TRÁTHNÓNA...

A BHEAN, IS CLOS DOM GO bhFUIL JAMS O'DONNELL MAR AINM AR GACH AOINNE SA DÚICHE SEO. MÁS AMHLAIDH ATÁ, IS IONTACH AN SAOL ATÁ ANN AGAINN AGUS FÉACH GUR FÓNTA AN FEAR É O'DONNELL AGUS AN LÍON SIN CLAINNE AIGE.

IS FÍOR DUIT! BHÍ SÉ RIAMH RÁITE AGUS SCRÍOFA GO mBUAILTEAR GACH TACHRÁN GAELACH AR AN gCÉAD LÁ SCOILE DÓ TOISC NÁ TUIGEANN SÉ AN BÉARLA AGUS GALL-LEAGAN A AINM FÉINIG. NÍ BHÍONN AON GHNÓ EILE AR SIÚL SA SCOIL AN LÁ SAN ACH CÚRSAÍ PÍONÓIS AGUS DÍOLTAIS AGUS AN tSEAFÓID CHÉANNA AR 'JAMS O'DONNELL'.

A BHEAN, IS IONTACH A N-ABRAIR, AGUS NÍ DÓIGH LIOM GO bhFILLFIDH MISE AR AN SCOIL SIN GO DEO ACH DEIREADH AN LÉINN ANOIS DÉANTA AGAM.

TÁIR CRÍONNA I DO MHION-ÓIGE DUIT.

NÍ RAIBH AON BHAINT EILE AGAM LEIS AN OIDEACHAS ÓN LÁ SAN AGUS DÁ BHRÍ SIN NÍOR SCOILTEADH MO CHLOIGEANN GAELACH Ó SHIN.

BHÍ AN SEANDUINE LIATH LÁ SA DAINGEAN AG CEANNACH TOBAC AGUS AR FUD AN BHAILE CHUALA SÉ SCÉAL NUA A CHUIR IONADH AIR.

I NDAINGEAN UÍ CHÚIS LE HAGHAIDH AN TRÁTHNÓNA...

NÍOR CHREID SÉ AN SCÉAL, ÁFACH, ÓIR NÍ RAIBH IONTAOIBH AIGE AS MUINTIR AN BHAILE SIN.

ACH LÁ ARNA MHÁRACH BHÍ SÉ SNA ROSA AGUS MHOTHAIGH SÉ AN SCÉAL CÉANNA AG NA DAOINE ANN...

ANSIN THUG SÉ LEATH-CHREIDIÚINT DON SCÉAL, ACH NÍOR SHLOG SÉ GO HIOMLÁN É.

BHÍ SÉ I GCATHAIR NA GALLIMHE AN TRÍÚ LÁ AGUS BHÍ AN SCÉAL ANN ROIMIS.

CHREID SÉ FAOI DHEIREADH É GO LÁN-CHREIDMHEACH

!!!

AGUS NUAIR A D'FHILL SÉ AN OÍCHE SIN FLIUCH BÁITE CHUIR SÉ AN SCÉAL AR EOLAS MO MHÁTHARA.

M'ANAM ÓN RIACH, CLUINIM GO BHFUIL AN GAVERMINT GALLDA CHUN DHÁ PHUNT SA BHLIAIN A DHÍOL LENÁR LEITHÉIDÍ-NE I LEITH GACH CLOIGEANN CLAINNE AGAINN A LABHRAÍONN AN SACS-BHÉARLA DE GHNÁTH IN IONAD NA GAEILGE BRADAÍ SEO!

21

"MO MHAIRG, GAN ACH AN T-AON MHAC AMHÁIN AGAM, AN SAMPLA CAILLTE SIN ATÁ ANOIS AR A THÓIN AR AN URLÁR THIAR."

MÁS EA, BEIDH A THUILLEADH AGAT NÓ TAOI GAN SEIFT.

GO CIONN SEACHTAINE INA DHIAIDH SIN BHÍ GRUAIM DHAINGEAN DHUBH AR AN SEANDUINE, COMHARTHA GO RAIBH A CHEANN LÍONTA LE SMAOINTE CASTA DEACRA AGUS É AG IARRAIDH CEIST AN GHANNTANAIS CHLAINNE A FHUASCAILT.

ALP . . . ALP

UUÉÉH!!!

SINÉÉE!!!

UH?!

!!!

IS FADA A BHÍOMAR AG BRATH LEIS SULAR THÁINIG SÉ,
ACH BHUAIL AN CIGIRE CHUGAINN LÁ FEARTHAINNE NUAIR
A BHÍ LAGSHOLAS I NGACH AIRD AGUS COINEASCAR
TROM AGAINN I DTÓIN AN TÍ MAR A RAIBH NA MUCA.

B'FHÍOR DON TÉ A DÚIRT GO RAIBH AN CIGIRE AOSTA
AGUS AR BHEAGÁN BRÍ. DUINE GALLDA A BHÍ ANN
AGUS NÍ RAIBH FAIC DEN TSLÁINTE AR A CHOMHAIRLE
AIGE. BHÍ SÉ CAOL CROMTHA SEARBHGNÚISEACH.

"HOW MANY?"

"SEO ÁR SEANS."

"TWALF, SOR."

"TWALF?"

THUG AN DUINE UASAL RUATHAR SÚL EILE GO TÓIN AN TÍ AGUS BHÍ AG MACHNAMH AGUS AG IARRAIDH MÍNIÚ A BHAINT AS
AN CHAINT A BHÍ LE CLOS ANN.

BHÍ AN DUINE UASAL AG BREATHNÚ GO GÉAR MÓRTHIMPEALL AIR AGUS GAN AON
AOIBHNEAS-CHROÍ Á BHAINT AIGE AS AN mBRÉANTAS.

UUTH!

"ALL SPIK
ENGLISH?"

"ALL SPIK, SOR!"

"PHWAT IS YER
NAM?"

BA LÉIR NÁR THAITIN MISE NÁ MO LEITHÉID LEIS AN STRAINSÉIR GALÁNTA ACH CHUIR AN FREAGRA SEO ÁTHAS AIR MAR GUR FREAGRAÍODH SA BHINN-BHÉARLA É; BHÍ DEIREADH A CHUID OIBRE DÉANTA AGUS CEAD ANOIS AIGE ÉALÚ SAOR ÓN mBRÉANTAS.

D'IMIGH LEIS ARÍS ISTEACH I MEASC NA ROISTEACHA FEARTHAINNE GAN FOCAL EILE GAN BEANNACHT LINN.

BHÍ AN SEANDUINE LIATH LÁNSÁSTA LEIS AN OBAIR MHÓR A BHÍ DÉANTA AGAINN AGUS BHÍ PROINN BHREÁ PHRÁTAÍ MAR DHUAIS AGAMSA UAIDH.

CUIREADH AMACH NA MUCA AGUS BHÍOMAR GO LÉIR SUAIMHNEACH SUAIRC AR FEADH AN LAE.

TAMALL LAETHANTA INA DHIAIDH SIN FUAIR AN SEANDUINE LITIR BHUÍ AGUS BHÍ NÓTAÍ MÓRA AIRGID ISTIGH INTI...

ACH FARAOR, NÍ MAR SÍLTEAR BÍTEAR AR AN SAOL SEO, AGUS NA MUCA ARNA GCOMHAIREAMH LÁ ARNA MHÁRACH DÚINN Á DTABHAIRT AS NA BRÍSTÍ, BA LÉIR GO RAIBH CEANN AMHÁIN IN EASNAMH ORAINN.

M'ANAM ÓN RIACH, IS EAGAL LIOM NACH BHFUILID GO LÉIR ANSEO CÓIR MACÁNTA. BA CHUMA LIOM AN MHUICÍN ÓG, ACH BHÍ PÍOSA BREÁ STUIF SA BHRÍSTE SIN.

NÍLIMSE TUAIRIMEACH GUR GOIDEADH AN MHUC SIN NÁ AN BRÍSTE ACH A OIREAD.

AN DÓIGH LEAT NACH LIGFEADH AN EAGLA DÓIBH AN GHADAÍOCHT A DHÉANAMH?

NÍ FHEADAR NÁ GUR AR SEACHRÁN DON MHUIC...

NÍ HEA, ACH AN BRÉANTAS!

AN OÍCHE SIN GHOID AN SEANDUINE MUC DE CHUID MHÁIRTÍN UÍ BHÁNASA AGUS MHARAIGH GO CIÚIN Í I DTÓIN AN TÍ. IS AMHLAIDH A CHUIR ÁR GCOMHRÁ I GCUIMHNE DÓ GO RAIBH AN BAGÚN AG ÉIRÍ GANN AGAINN. NÍ DÚRADH AON CHAINT EILE AN UAIR SIN I DTAOBH NA MUICE A CAILLEADH.

THÁINIG MÍ NUA DARBH AINM MÁRTA AR AN SAOL, BHÍ AGAINN GO CIONN MÍOSA AGUS D'IMIGH ARÍS.

UUUÉÉÉÉ!

OÍCHE AMHÁIN IN ARD NA FEARTHAINNE CHUALAMAR SRANNFACH LASMUIGH.

UNNNH!!

UUÉÉEGH!

PLIMP!

!!!

SHÍL AN SEANDUINE GUR MUC EILE A BHÍ Á BREITH UAIDH LE LÁMH LÁIDIR AGUS LÉIM SÉ ANÍOS AS AN LUACHAIR GUR BHUAIL AMACH.

AN T-AM A THÁINIG SÉ ISTEACH ARÍS, CÉ A BHEADH LEIS MAR CHUIDEACHTAIN ACH AN MHUC A BHÍ AR IARRAIDH UAINN, Í FLIUCH BÁITE AGUS AN BRÍSTE BREÁ INA BHRATÓGA MAOIS UIRTHI.

NÍOR MHISTE POTA MÓR PRÁTAÍ A ULLMHÚ MAR PHROINN DON TÉ ATÁ SA BHAILE ARÍS TAR ÉIS AN TSAOIL.

B'IONTACH AN NÍ FILLEADH NA MUICE CHUGAINN I LÁR AN DORCHADAIS...

...ACH B'IONTAÍ I bhFAD AN SCÉAL NUA A CUIREADH I dTUISCINT DÚINN SAN AM A RAIBH A CUID PRÁTAÍ CAITE AG AN MHUC AGUS AN BRÍSTE Á BHAINT DI AG AN SEANDUINE.

I bPÓCA AMHÁIN D'AIMSIGH AN SEANDUINE PÍOPA BÁN AGUS LEADHB MHÓR TOBAC. I bPÓCA EILE FUAIR SÉ SCILLING AGUS BUIDÉAL BEAG BIOTÁILLE.

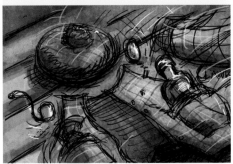

UUH?

M'ANAM ÓN RIACH, MÁS É AN CRUATAN ATÁ I gCÓNAÍ I NDÁN DO GHAELAIBH, NÍ HAMHLAIDH DON CHRÉATÚR SEO. FÉACH!

CÁ bhFUAIRIS NA NITHE SEO, A DHUINE UASAIL?

BHREATHNAIGH AN MHUC GO GÉAR AR AN SEANDUINE, ACH NÍOR FHREAGAIR É.

BHÍ MÍ IOMLÁN EILE ANN SULA BHFUAIREAMAR MÍNIÚ AR SCÉAL CASTA NA HOÍCHE SIN. CHUALA AN SEANDUINE COGAR I NGAILLIMH, LEATHFHOCAL I NGAOTH DOBHAIR AGUS ABAIRTÍN EILE I NDÚN CHAOIN. CHUIR SÉ LE CHÉILE IAD GO LÉIR, AGUS TRÁTHNÓNA AMHÁIN NUAIR A BHÍ AN LÁ MÚCHTA AGUS AN DOIRTEADH OÍCHE ANUAS GO TRÉAN ORAINN, D'INIS DÚINN AN SCÉAL SUIMIÚIL SEO A LEANAS...

BHÍ DUINE UASAL AG TAISTEAL NA DÚICHE AN UAIR SIN AGUS ARDSPÉIS SA GHAEILGE AIGE. THUIG SÉ GO RAIBH MÓRÁN INA mBEATHA I gCORCA DORCHA NACH RAIBH A MACASAMHAIL LE FÁIL IN AON ÁIT EILE, AGUS FÓS NÁ BEADH A LEITHÉIDÍ ARÍS ANN. BHÍ GLÉAS LEIS AR A dTUGTAÍ GRAMOFÓN AGUS AN TÉ A DHÉANFADH SCÉALAÍOCHT NÓ SEANCHAS I LÁTHAIR AN GHLÉIS SEO, CHUIRFEADH AN GLÉAS AR CHUALA SÉ DE GHLANMHEABHAIR...

B'IONTACH AN GLÉAS É ACH CHUIR SÉ EAGLA AR A LÁN DE MHUINTIR NA HÁITE AGUS BAILBHE AR A LÁN EILE. AR AN ÁBHAR SIN, NÍOR THUG SÉ IARRACHT AR BHÉALOIDEAS ÁR SEAN AGUS ÁR SINSEAR A CHRUINNIÚ Ó NA DAOINE ACH AMHÁIN LE LINN AN DORCHADAIS. CHAITHEADH SÉ A LÁN AIRGID AR BHIOTÁILLE GACH OÍCHE LEIS AN gCRAPALTACHT AGUS AN CHÚTHAILEACHT A BHAINT AS TEANGA NA SEANDAOINE.

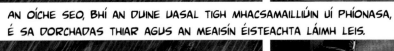

AN OÍCHE SEO, BHÍ AN DUINE UASAL TIGH MHACSAMAILLIÚIN UÍ PHÍONASA, É SA DORCHADAS THIAR AGUS AN MEAISÍN ÉISTEACHTA LÁIMH LEIS.

BHÍ CÉAD SEANDUINE AR A LAGHAD BAILITHE ISTEACH MÓRTHIMPEALL AIR, IAD INA SUÍ GO BALBH DOFHEICSE I SCÁTH NA BHFALLAÍ, AGUS BUIDÉIL BHEAGA BHIOTÁILLE AN DUINE UASAIL Á gCUR THART AR FUD A CHÉILE ACU.

BHÍ SÉ AG ÉIRÍ MALL SAN OÍCHE AGUS BHÍ AN DUINE UASAL AG ÉIRÍ RUD BEAG TROMCHROÍOCH. NÍ RAIBH AON CHEANN DE SHEODA ÁR SEAN CRUINNITHE AN OÍCHE SIN AIGE AGUS BHÍ LUACH CÚIG PHUNT DE BHIOTÁILLE CAILLTE GAN TAIRBHE.

GO TOBANN, MHOTHAIGH SÉ GO RAIBH TRUP ANN BÉAL DORAIS.

PLIMP!

?!

UH, SINÉÉÉ...¡¡!

ANSIN BRÚDH AN DORAS ISTEACH (NÍ RAIBH AON BHÓLTA RIAMH AIR) AGUS ISTEACH LE SEANDUINE BOCHT FLIUCH BÁITE, É ÓLTA GO LÁN A CHRAICINN AGUS AG LAPADÁNACHT IN IONAD SIÚIL LE TRÉAN MEISCE.

CAILLEADH AN CRÉATÚR GAN MHOILL I NDORCHADAS AN TÍ, ACH PÉ ÁIT AR AN URLÁR A RAIBH SÉ INA LUÍ BHÍOG CROÍ AN DUINE UASAIL NUAIR A MHOTHAIGH SÉ GO RAIBH SRUTH MÓR CAINTE AG TEACHT AS AN mBALL SIN.

CAINT THAPAIDH CHASTA GHRUAMA A BHÍ ANN GO FÍRINNEACH - CHEAPFÁ GUR AG EASCAINÍ GO MEISCIÚIL A BHÍ AN SEANFHEAR - ACH NÍOR FHAN AN DUINE UASAL LE CIALL A BHAINT AISTI.

LÉIM SÉ ANÍOS AGUS SHOCRAIGH SÉ AN MEAISÍN LÁIMH LEIS AN TÉ A BHÍ AG STEALLADH AMACH NA GAEILGE. BA LÉIR GUR SHÍL AN DUINE UASAL GO RAIBH RÓDHEACRACHT SA GHAEILGE SIN AGUS BHÍ ARDLÚCHÁIR AIR GO RAIBH AN MEAISÍN Á SÚ ISTEACH.

THUIG SÉ GO mBÍONN AN DEA-GHAEILGE DEACAIR AGUS AN GHAEILGE IS FEARR BEAGNACH DOTHUIGTHE.

ANSIN...

... UUEGHT!

NNF!

BHÍ SÉ RÁITE SA CHOMHARSANACHT INA DHIAIDH SIN GO bHFUAIR AN DUINE UASAL ARDMHOLADH AS UCHT AN PHÍOSA SEANCHAIS SIN A BHÍ CURTHA I DTAISCE AIGE SA GHLÉAS ÉISTEACHTA AN OÍCHE SIN.

CHUAIGH SÉ GO CATHAIR BHERLIN SA GHEARMÁIN EORPACH AGUS D'AITHRIS SÉ A BHÍ CLOISTE AG AN nGLÉAS I LÁTHAIR LUCHT ARDLÉINN AN CHAINTININT.

DÚIRT NA SAOITHE ÚD NÁR CHUALADAR RIAMH AON PHÍOSA GAEILGE GO RAIBH CHOMH FÓNTA FILEATA DO-EOLAIS AGUS BHÍODAR CINNTE NÁR BHAOL DON GHAEILGE AN FHAD A BHÍ A LEITHÉID LE CLOS I gCRÍOCHA FÁIL.

iíí!!!! NNNNH! SINÉÉÉÉÉÉÉ! UH! UH! UH!

BHAISTEADAR GO CEANÚIL CÉIM BHREÁ LÉANNTA AR AN DUINE UASAL AGUS CHUIREADAR COISTE BEAG AR BUN LE MIONSTAIDÉAR A DHÉANAMH AR CHAINT AN GHLÉIS FÉACHAINT AN bHFÉADFAÍ AON CHIALL A BHAINT AISTI.

NÍL AON TUAIRIM AGAM FÉIN CÉ ACU GAEILGE NÓ BÉARLA NÓ CANÚINT IASACHTA MHÍRIALTA A BHÍ SA TSEANCHAINT SIN A CHRUINNIGH AN DUINE UASAL UAINNE ANSEO I gCORCA DORCHA ACH IS RÓCHINNTE GURB Í AN MHUC SHEACHRÁIN SIN AGAINNE A DÚIRT PÉ FOCAIL A BHÍ RÁITE AN OÍCHE SIN.

TRÁTHNÓNA AMHÁIN BHÍOS SÍNTE AR AN LUACHAIR I dTÓIN AN TÍ NUAIR A BHUAIL AN SEANDUINE LIATH ISTEACH AN DORAS...

PLIMP!

PUTH!

PUTH!

PUTH!

UTH???

TAOI GAN BHRÍ, IS FOLLUS.

ATÁIM.

AN AMHLAIDH GO bhFUIL NUACHRUATAN AGUS ÚR-ANACHAIN I nDÁN DO GHAELAIBH?

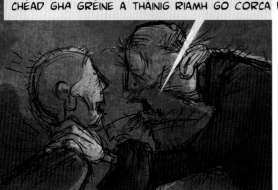

A MHICÍN BHIG, TÁ TUAIRIM AGAM NACH bhFLIUCHFAIDH FEARTHAINN NA hOÍCHE SEO ANOCHT AOINNE DE BHRÍ GO mBEIDH DEIREADH AN DOMHAIN ANN NÍOS TÚISCE NÁ AN OÍCHE CHÉANNA. TÁ NA TUARTHA ANN GO FLÚIRSEACH AR FUD NA FIRMIMINTE. CHONAC INNIU AN CHÉAD GHA GRÉINE A THÁINIG RIAMH GO CORCA DORCHA....

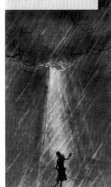

...AGUS NUAIR A BHÍOS AG TEACHT 'NA BHAILE INNIU AS FIONNTRÁ D'AIRÍOS DUINE UASAL GALÁNTA GALLDA DEA-GHLÉASTA AG TEACHT I M'ARAICIS AR AN mBÓTHAR.

DE BHRÍ GUR GAEL MÚINTE MISE, ISTEACH LIOM SA DÍOG IONAS GO mBEADH AN BÓTHAR GO hIOMLÁN AG AN DUINE UASAL AGUS NACH mBEADH MO LEITHÉIDSE ANN ROIMHE AG BRÉANADH FHÓD AN BHEALAIGH MHÓIR.

SPLAIS!

CAD DEIRIR ACH GUR STAD SÉ, GUR FHÉACH ORM GO CEANÚIL AGUS GUR LABHAIR LIOM!

CONAS TÁÁÁÁÁÁÁÁÁÁÁN TÚ, A BHUACHAILL?

UH?

31

AN AG FIANNAÍOCHT ATÁIR NÓ AG RÁMHAILLE Ó FHIABHRAS ÓLACHÁIN?

ACH... ... FAN! LABHAIR SÉ GAEILGE LIOM!

MÁS FÍOR DUIT, NÍ BHÉARFAIMID BEO AR AON OÍCHE EILE FEASTA, ACH DEIREADH AN DOMHAIN INNIU ANN GAN DABHT.

ACH THÁINIG AN OÍCHE SIN GO SLÁN TRÁTHÚIL AGUS TAR ÉIS AN TSAOIL NÍOR BHAOL DÚINN.

AGUS DE RÉIR MAR CHUAIGH NA LAETHANTA THART, BA LÉIR GURBH Í AN FHÍRINNE A BHÍ Á RÁ AG AN SEANDUINE LIATH. BHÍ DAOINE UAISLE LE FEICEÁIL ANOIS GO MINIC AR NA BÓITHRE, CUID ACU ÓG IS CUID ACU AOSTA, AG CUR GAEILGE CHIOTACH DHO-THUIGTHE AR NA GAEIL BHOCHTA AGUS AG CUR MOILLE ORTHU AGUS IAD AG DUL FAOIN NGORT. SIN MAR THÁINIG CHUGAINN AN DREAM SIN DÁ NGAIRMTEAR "NA GAEILGEOIRÍ" ANOIS, GO CORCA DORCHA DEN CHÉAD UAIR. BHÍODAR AG FÁNAÍOCHT AR FUD NA DÚICHE LE 'NÓT-BUCS' BEAGA DUBHA AG IARRAIDH GAEILGE ÁR SEAN AGUS ÁR SINSEAR A FHOGHLAIM UAINN. NÍORBH FHADA GO RAIBH AN TÍR BREAC LEO.

CONAS TÁÁÁÁÁÁÁÁÁÁÁN TÚ, A BHUACHAILL?

LE HIMEACHT AIMSIRE, NÍ ÓN GCÉAD FHÁINLEOG A D'AITHIN NA DAOINE GO RAIBH AN T-EARRACH TAGTHA ACH ÓN GCÉAD GHAEILGEOIR A BHÍ LE FEICEÁIL AR NA BÓITHRE. THUGADAR SONAS AGUS AIRGEAD AGUS ARDSCLÉIP LEO NUAIR A THÁNGADAR; B'AOIBHINN AGUS BA GHREANNMHAR NA CRÉATÚIR IAD, AGUS NÍ DÓIGH LIOM GO MBEIDH A LEITHÉIDÍ ARÍS ANN.

TAR ÉIS DÓIBH A BHEITH DEICH MBLIANA NÓ MAR SIN AG TEACHT CHUGAINN, BHRAITHEAMAR GO RAIBH A LÍON AG DUL I LAGHAD ORAINN AGUS GO RAIBH AN MHUINTIR A D'FHAN DÍLIS DÚINN AG CUR FÚTHU I NGAILLIMH AGUS I RANN NA FEIRSTE AGUS AG TABHAIRT CUAIRD LAE AR CHORCA DORCHA. BHÍ SÉ RIAMH RÁITE GO MBÍONN CRUINNEAS GAEILGE (MARAON LE NAOFACHT ANAMA) AG DAOINE DE RÉIR MAR BHÍD GAN AON MHAOIN SHAOLTA AGUS Ó THARLA SCOTH AN BHOCHTANAIS AGUS NA HANACRA AGAINNE, NÍOR THUIGEAMAR CAD CHUIGE GO RAIBH NA SCOLÁIRÍ AG TABHAIRT AIRDE AR AON CHAM-GHAEILGE BHREAC-CHIOTACH A BHÍ LE CLOS I GCRÍOCHAIBH EILE.

LABHAIR AN SEANDUINE LIATH FAOIN GCEIST SEO LE GAEILGEOIR UASAL A CASADH LEIS.

CAD CHUIGE AGUS CAD UAIDH GO BHFUIL AN LUCHT FOGHLAMA AG IMEACHT UAINN? AN AMHLAIDH GO BHFUIL MEATH AG TEACHT AR ÁR NGAEILGE?

NEE DOY LUM GOH VVILL UN FUKAL SUNN 'MEATH' EG UN AHUR PADUR.

NÍOR FHREAGAIR AN SEANDUINE AN ABAIRT SIN ACH NÍ MÓIDE NÁ GO NDEARNA SÉ CAINT BHEAG OS ÍSEAL DÁ CHLUAIS FÉIN.

?!

DO VOOL SHAY UN DURUS AMACK - UN VWIL UN AWBIRCH SUNN OGUTT?

NAWBOCKLESH, AVIC!!!

ACH TAR ÉIS AN TSAOIL FUAIR SÉ FUASCAILT NA NOIDE SIN. MÍNÍODH DÓ CAD A BHÍ BUNOSCIONN AGUS CEANN-AR-LÁR AGUS TÓIN-I-DTOSACH LE CORCA DORCHA MAR IONAD LÉINN.

???

IS AMHLAIDH GO BhFUIL DOINEANN NA DÚICHE RÓ-DHOINEANTA; BRÉANTAS NA DÚICHE RÓ-BHRÉAN; BOCHTANAS NA DÚICHE RÓ-BHOCHT; GAELACHAS NA DÚICHE RÓ-GHAELACH AGUS SEANCHAS NA SEAN RÓ-SHEANDA.

NUAIR A BHRAITH AN SEANDUINE GUR MAR SEO A BHÍ, MHEABHRAIGH SÉ AN SCÉAL INA AIGNE GO CIONN SEACHTAINE.

!!!

AUURFH!

CRÁÁÁC!

FSSST!

NNNFH!

AGUS FAOI DHEIREADH NA SEACHTAINE CHONACTHAS DÓ GO mBEADH GACH NÍ GO SÁSTA ACH COLÁISTE GAEILGE A BHEITH AGAINN MAR A BHÍ SNA ROSA AGUS I gCONAMARA!

!

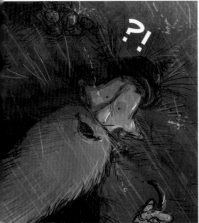

?!

?!

BEIDH FEIS MHÓR GHAELACH AGAINN I gCORCA DORCHA LE hAIRGEAD A BHAILIÚ LE hAGHAIDH AN CHOLÁISTE!

DAR nDÓIGH, NÍ RAIBH AOINNE RIAMH IN ÉIRINN CHOMH CÍOCRACH AR SON NA GAEILGE AGUS BHÍ AN SEANDUINE AN T-AM SIN; NÍORBH AON IONTAS GUR AR THALAMH AN tSEANDUINE CHÉANNA A TÓGADH AN COLÁISTE I nDEIREADH NA DÁLA, TALAMH A BHÍ LUACHMHAR I gCEART AN LÁ A CEANNAÍODH UAIDH É. AN FHEIS FÉIN, TIONÓLADH INA GHORT Í, AGUS BHAIN SÉ CÍOS DHÁ LÁ AS AN SPLEOITÍN AR AR CUIREADH SUAS AN T-ARDÁN.

MÁ TÁ PINGNEACHA AG TITIM, FÉACH CHUIGE GUR I DO PHÓCA FÉIN A THITID; NÍ RAGHAIR I bPEACA NA SAINTE MÁ TÁ AN T-AIRGEAD GO LÉIR AR DO SHEILBH FÉIN AGAT.

SEA, BEIDH CUIMHNE GO DEO AGAINN I gCORCA DORCHA AR AN bhFEIS SIN AGUS AR NA PLÉARÁCA A BHÍ AGAINN LENA LINN. NÍ DÓIGH LIOM GUR BHRAITHEAS RIAMH ROIMHE SIN NÁ Ó SHIN AN OIREAD STAINSÉIRÍ AGUS DAOINE UAISLE LE CHÉILE AR AON FHÓD IN ÉIRINN. BHÍ NA SLUAITE ACU ANN AS BAILE ÁTHA CLIATH AGUS AS CATHAIR NA GAILLIMHE, ÉADACH FIÚNTACH SÁRDHÉANTA ORTHU GO HUILE; CORRDHUINE GAN AON BHRÍSTE AIR ACH FO-GHÚNAÍ MNÁ INA ÉAGMAIS. DEIRTÍ GUR CULTACHA GAELACHA A BHÍ ORTHU, AGUS MÁS FÍOR DÓIBH IS CINNTE GURB AISTEACH AN T-ORDÚ A THIOCFAS AR CHLÓ DO PHEARSAN DE DHEASCA FOCAL GAEILGE I DO CHEANN.

BHÍ ARD-NÁIRE ORM NACH RAIBH AOINNE FÍOR-GHAELACH INÁR MEASC FÉIN I gCORCA DORCHA...

IS CUIMHIN LIOM GO RAIBH AN MHUINTIR SEO ORTHU SIÚD A BHÍ I LÁTHAIR:

CAT CHONNACHT
AN NÓINÍN GAELACH
AN CAPALL DÁNA
AN PRÉACHÁN PÉACACH
AN RIDIRE REATHA
RÓISÍN AN tSLÉIBHE
AN MUIMHNEACH MEASARTHA
AN BUIDÉAL BUÍ
MISE LE MEAS

AN BABHTA DAMHSA
AN T-ULTACH BEANDAÍ
AN SIONNACH SEANG
AN CAT MARA
AN CRANN GÉAGACH
AN GAOTH ANIAR
AIRGEAD GEAL
AN MAC BREAC
BABÓRÓ

AN FEAR IS FEARR IN ÉIRINN
MO CHARA DROMA RÚISC
AN MAIDE RÁMHA
AN CHIARÓG EILE
AN FHUISEOG SPÉIRE
AN SPIDEOG
AN COILEACH CORCRA
AN STAICÍN EORNA
AN TUISEAL TABHARTHACH

GOLL MAC MÓRNA
TADHG GABHA
AN T-EASPAG ÍSEAL
AN LONDUBH BINN
TUIRNE MHÁIRE
AN FÓD MÓNA
AN T-UBH DONN
OCHTAR FEAR
POPSHÚIL MAIRNÉALACH

37

CHUAIGH AN TUACHTARÁN AGUS NA BOIC MHÓRA EILE IN AIRDE I LÁTHAIR AN PHOBAIL, AGUS IS ANSIN A CUIREADH TÚS AR FHEIS MHÓR CHORCA DORCHA...

A GHAELA, CUIREANN SÉ GLIONDAR AR MO CHROÍ GAELACH A BHEITH ANSEO INNIU AG CAINT GAEILGE LIBHSE AR AN BhFEIS GHAELACH SEO I LÁR NA GAELTACHTA. NÍ MISTE DOM A RÁ GUR GAEL MISE. TÁIM GAELACH Ó MO BHAITHIS GO BONN MO CHOISE - GAELACH THOIR, THIAR, THUAS AGUS THÍOS. TÁ SIBHSE GO LÉIR FÍOR-GHAELACH MAR AN GCÉANNA. GAEIL GHAELACHA DE SHLIOCHT GHAELACH IS EA AN T-IOMLÁN AGAINN. AN TÉ ATÁ GAELACH, BEIDH SÉ GAELACH FEASTA.

NÍOR LABHAIR MISE, ACH A OIREAD LIBH FÉIN, AON FHOCAL ACH GAEILGE ÓN LÁ A RUGADH MÉ AGUS, RUD EILE, IS FAOIN NGAEILGE FÉIN A BHÍ GACH ABAIRT DÁ NDÚRAS RIAMH. AN TÉ A BHÍONN AG CAINT GAEILGE, ACH GAN A BHEITH AG PLÉ CHEIST NA TEANGA, NÍL SÉ FÍOR-GHAELACH INA CHROÍ ISTIGH.

HURÁÁÁÁ!

FÓGRAIM AN FHEIS SEO ANOIS AR GAEL-OSCAILT.

NUAIR A SHUIGH AN GAEL UASAL SEO SÍOS AR A THÓIN GHAELACH D'ÉIRIGH CLAMPAR MÓR AGUS BUALADH BOS AR FUD AN CHRUINNITHE.

NA GAEIL ABÚ!

GO MAIRE ÁR NGAEILGE SLÁN!

HURÁÁÁÁ!

CHUN TOSAIGH ANSIN LEIS AN BPISCÍN PRIACLACH, FEAR ARD LEATHAN URRÚNTA AGUS AGHAIDH AIR A BHÍ DÚGHORM Ó LÍOFACHT A FHÉASÓIGE AGUS Ó MHINICE A BHEARRTHA. THUG SEISEAN ÓRÁID BHREÁ EILE UAIDH.

A GHAELA, IS Í AN GHAEILGE AN TEANGA IS DÚCHASACH DÚINN GO LÉIR, AGUS MAR SIN NÍ FOLÁIR DÚINN A BHEITH DÁIRÍRIBH I dTAOBH NA GAEILGE. NÍ DÓIGH LIOM GO bhFUIL AN RIALTAS DÁIRÍRIBH I dTAOBH NA GAEILGE; NÍ DÓIGH LIOM GO bhFUIL AN OLLSCOIL DÁIRÍRIBH I dTAOBH NA GAEILGE NÁ NÍL LUCHT TIONSCAIL AGUS TRÁCHTÁLA DÁIRÍRIBH I dTAOBH NA GAEILGE. BÍONN AMHRAS ORM UAIREANTA AN bhFUIL AOINNE DÁIRÍRIBH I dTAOBH NA GAEILGE. NÍ SAOIRSE GO CUR LE CHÉILE! GAN TÍR GAN TEANGA! GO MAIRE ÁR nGAEILGE SLÁN!

(BHÍ ARDURRAIM RIAMH AIGE DO RÍ SHASANA!)

NÍ SAOIRSE GO SEOIRSE!

IS COSÚIL GO bhFUIL AN DUINE UASAL SEO LÁNDÁIRÍRE.

RÓ-MHAITHBHEATHAITHE ATÁ SÉ IN UACHTAR A CHINN!

NÍ ÓRÁID BHREÁ EILE A TUGADH DON PHOBAL ÓN ARDÁN SEO, ACH OCHT gCINN. THIT A LÁN DE NA GAEIL I LAIGE LE HOCRAS AGUS LE TRÉAN ÉISTEACHTA, AGUS FUAIR FEAR AMHÁIN BÁS GAELACH I LÁR AN CHRUINNITHE. NUAIR A BHÍ AN FOCAL DEIREANACH I dTAOBH NA GAEILGE RÁITE ÓN ARDÁN THOSAIGH PLÉARÁCA AGUS RUAILLE BUAILLE NA FEISE. CHUIR AN TUACHTARÁN BONN AIRGID AR FÁIL MAR DHUAIS DON TÉ BA MHÓ A BHÍ DÁIRÍRIBH I dTAOBH NA GAEILGE.

BHÍ CÚIGEAR IOMAITHEOIRÍ AR FAD ISTIGH AR AN gCOMÓRTAS ANN. GO MOCH SA LÁ THOSAÍODAR AG LABHAIRT GAEILGE AR A nDÍCHEALL, GAN GÁG DÁ LAGHAD SA tSRUTH CAINTE, AGUS IS AR AN nGAEILGE FÉIN AMHÁIN A BHÍODAR AG CUR SÍOS. NÍOR CHUALA RIAMH AON GHAEILGE A BHÍ CHOMH TIUBH TEANN DIAN DÍCHEALLACH, LÁNMHARA DI AG DOIRTEADH ANUAS ORAINN.

LE TEACHT AN DORCHADAIS THIT FEAR AMHÁIN INA CHNAP I LAIGE, THIT FEAR EILE INA CHODLADH (GAN A BHEITH INA THOST AR FAD, ÁFACH) AGUS TUGADH AN TRÍÚ FEAR ABHAILE LE FIABHRAS AG GABHÁIL DÁ INTINN - FIABHRAS A SHEOL AR SHLÍ NA FÍRINNE ROIMH MHAIDIN É.

BHÍ SÉ INA MHEÁN OÍCHE SULA RAIBH FÍORDHEIREADH LEIS AN gCOMÓRTAS. GO TOBANN, STAD FEAR AMHÁIN DEN FHOTHRAM A BHÍ AG TEACHT UAIDH GO FÁNACH, AGUS BRONNADH AN BONN AIRGID AR AN bhFEAR EILE MARAON LE hÓRÁID BHREÁ ÓN UACHTARÁN. ACH AN FEAR EILE A CHAILL AN CHRAOBH, NÍ DÚIRT SÉ AON FHOCAL AMHÁIN EILE ÓN OÍCHE SIN I LEITH, AGUS IS CINNTE NACH N-ABRÓIDH CHOÍCHE.

AN OIREAD GAEILGE A BHÍ INA CHEANN, TÁ SÉ RÁITE AN OÍCHE SEO AIGE.

DÚIRT NA DAOINE UAISLE AS BAILE ÁTHA CLIATH NACH RAIBH AON RINCE CHOMH GAELACH LEIS AN RINCE FADA, GO RAIBH SÉ GAELACH DE RÉIR MAR BHÍ SÉ FADA, AGUS FÍOR-GHAELACH DE RÉIR MAR BHÍ SÉ FÍORFHADA. DÁ FHAD AN RINCE FADA IS FAIDE A DAMHSAÍODH RIAMH, IS CINNTE GO RAIBH SÉ SUARACH I GCOMPARÁID LEIS AN OBAIR A BHÍ AGAINNE I GCORCA DORCHA AN LÁ SIN.

D'AINNEOIN GO RAIBH AN BÁS AG SCIOBADH A LÁN DAOINE UAINN, LEANADH DE CHÚRSAÍ NA FEISE GO TEANN TRÉAN, MAR GO RAIBH NÁIRE ORAINN UILIG GAN A BHEITH GO LÁIDIR AR SON NA GAEILGE AGUS AN TUACHTARÁN AG BREATHNÚ ORAINN. CHOMH FADA SOIR AGUS SIAR A CHUAIGH RÉIM NA SÚL BHÍ FIR AGUS MNÁ AG DAMHSA, ÓG AGUS CRÍONNA, AG BOGADAIGH AGUS AG CASADH GO HANRÓITEACH AR DHÓIGH A CHUIRFEADH I GCUIMHNE DUIT AN MHUIR TRÁTHNÓNA GAOITHE.

CHONAC FÉIN AN DUINE UASAL AR A DTUGTAÍ "OCHTAR FEAR" AG SLOGADH GO FÍOCHMHAR AS BUIDÉAL GEAL A THÓG SÉ AS A PHÓCA. NUAIR A GLAODH AN COR OCHTAIR, CHAITH SÉ UAIDH AN BUIDÉAL AGUS CHUN TOSAIGH LEIS INA AONAR AR FHÓD AN DAMHSA.

MAIDIR LIOM FÉIN, NÍOR STOPAS DO DTÁNGA ANUAS LEIS AN MBUIDÉAL DRAÍOCHTA A BHÍ CAITE AR LEATAOBH AG "OCHTAR FEAR." BHÍ STRIOG BREÁ UISCE FÓS ANN AGUS SAN AM A RAIBH AN T-UISCE SEO ISTIGH SA GHOILE AGAM BHÍ ATHRÚ SUAITHNIDH TAGTHA AR AN SAOL... SHUÍOS SÍOS AR CHLAÍ AGUS CHAN AMHRÁN GAELACH IN ARD MO GHUTHA.

40

MAIDIR LE HOCHTAR FEAR, CHUAIGH DAOINE EILE LE BONN A BHUALADH INA CHUIDEACHTA, ACH BHAGAIR SÉ ORTHU GO FEARGACH, SCAIRT GO RAIBH "AN TEACH LÁN" AGUS THUG RUATHAR MARFACH LENA BHRÓIG AR AOINNE A CHUAIGH INA GHAOBHAR.

NÍORBH FHADA GO RAIBH SÉ AR MIRE DÁIRÍRE, AGUS NÍOR CEANSAÍODH É GUR BUALADH BÉIM UAFÁSACH AIR LE CLOCH MHÓR AR CHÚL A CHINN. NÍ FHACA MÉ AOINNE RIAMH CHOMH CIGILTEACH DÁNA BOGADACH SULAR BUALADH É, NÁ CHOMH SÁMH SUAIMHNEACH TAR ÉIS THEILGEAN NA CLOICHE DON SEANDUINE LIATH. GAN AMHRAS, IS MINIC A CHUIREANN CÚPLA FOCAL FEAR AMÚ.

NNNNGH!

LÉIMEAS THAR CLAÍ, CHROM SÍOS AGUS CHUIR MO MHÉARA GO FIOSRACH AR FUD AN DUINE UASAIL, A BHÍ ANOIS SÍNTE SA LÁBÁN. NÍOR CHIAN GO DTÁNAG SUAS LE BUIDÉILÍN EILE DEN UISCE TEASAÍ AGUS NÍ MISTE DOM A RÁ NACH NDEARNAS AON MHOILL NÁ FUIREACH GO DTÍ GO RABHAS AR FHÓD FAOI LEITH AGUS AN OLA GHRÉINE SIN AG DÓ CHRAICEANN MO SCORNAÍ.

ALP
ALP

'SEA, NÍ DÓIGH LIOM GO NDÉANFAD DEARMAD CHOÍCHE DEN FHEIS GHAELACH A BHÍ AGAINN I GCORCA DORCHA. LE LINN NA FÉILE, CAILLEADH A LÁN DAOINE NÁ BEIDH A LEITHÉIDÍ ARÍS ANN, AGUS DÁ LEANFAÍ DEN FHEIS GO CIONN SEACHTAINE EILE IS FÍRINNEACH NACH MBEADH AOINNE ANOIS BEO I GCORCA DORCHA.

GAN DABHT, NÍ RAIBH OILIÚNT AGAM AR ÓLACHÁN AN UAIR SIN, FIÚ AMHÁIN AON TUIGSINT AR AN OBAIR
A BHÍ IDIR LÁMHAIBH AGAM. THIT AN LUG AR AN LAG AGAM, THIT LUG EILE AR AN LAG SIN, AGUS
NÍORBH FHADA GO RAIBH NA LUGANNA AG TITIM GO TIUBH AR AN CHÉAD LAG AGUS ORM FÉIN. ANSIN,
THIT CITH LAGANNA AR NA LUGANNA, LUGANNA TROMA AR NA LAGANNA INA DHIAIDH SIN, AGUS I
NDEIREADH BÁIRE THÁINIG LUG AMHÁIN MÓR DONN ANUAS AR MHULLACH GACH NÍ EILE AG CUR MÚCHTA
AR AN SOLAS AGUS FÓS AG CUR STAD LE RÉIM AN TSAOIL...

DIOMAITE DEN TINNEAS A FUAIREAS AS AN mBUIDÉAL AGUS DE NA RADHARCANNA IONTACHA NEAMHSHAOLTA
A CHONAC, TÁ RUD EILE A GHREAMAÍONN LÁ NA FEISE GO DAINGEAN I M'AIGNE. BHÍ UAIREADÓIR BUÍ I SEILBH
AN TSEANDUINE RIAMH ANIAR ÓN LÁ SIN!

UAIR DÁ RAIBH NA PRÁTAÍ AG ÉIRÍ GANN SA TIGH AGAINN, AGUS SCÁTH AN GHORTA AG DÉANAMH IMNÍ DÚINN...

DÚISIGH!!!

NNH!?

IS MITHID DÚINN DUL AG SEILG.

CLIC!

C'ÁIT IN ÉIRINN A BHFUIL AN TSEILG IS TAITNEAMHAÍ ANN?

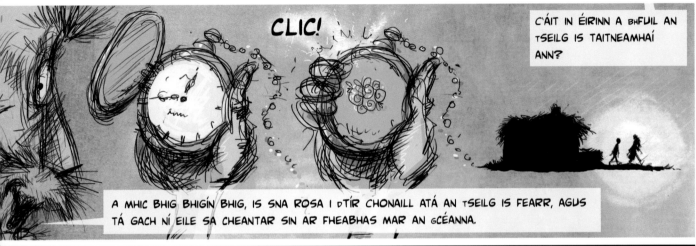

A MHIC BHIG BHIGÍN BHIG, IS SNA ROSA I DTÍR CHONAILL ATÁ AN TSEILG IS FEARR, AGUS TÁ GACH NÍ EILE SA CHEANTAR SIN AR FHEABHAS MAR AN GCÉANNA.

NÍ MISTE A RÁ GUR INS NA ROSA A RUGADH AN DUINE UASAL CÉANNA. DE RÉIR MAR BHÍ CLOISTE AGAM UAIDH, EISEAN AN FEAR AB FHEARR SNA ROSA LE LINN A ÓIGE. MAIDIR LE LÉIMNEACH, POLLTÓIREACHT, IASCAIREACHT, SUIRÍ, ÓLACHÁN, GADAÍOCHT, TROID, LEONADH-EALLAIGH, RITH, EASCAINÍ, CEARRBHACHAS, SIÚL-OÍCHE, SEILG, DAMHSA, MAÍOMH AGUS TARRAINGT-AN-BHATA, NÍ RAIBH AOINNE SA DÚICHE INCHURTHA LEIS.

EISEAN FÉIN INA AONAR A MHARAIGH AN MÁIRTÍNEACH I NGAOTH DOBHAIR SA BHLIAIN 1889 AGUS AN TIARNA LIATROMA IN AICE LEIS AN CHRATLACH SA BHLIAIN 1875;

...EISEAN FÉIN INA AONAR A CHUIR A AINM I NGAEILGE DEN CHÉAD UAIR AR AON CHARR, AGUS IS AIRSEAN A CUIREADH AN DLÍ AR AN ÓCÁID STAIRIÚIL SIN;

NO IRISH HERE!

CUMANN NA TALÚN

Go Mairidh ÁrnGaeilge Slán!

...EISEAN FÉIN INA AONAR A BHUNAIGH CUMANN NA TALÚN,

NA FIANNA...

AGUS CONRADH NA GAEILGE!

...ACH AMHÁIN GUR RUGADH É AN T-AM A RUGADH, AGUS GUR CHAITH SÉ A SHAOL MAR A CHAITH, BHEADH ÁBHAR COMHRÁ GANN INNIU SA TÍR SEO AGAINN.

AN mBEIMID AR LORG COINÍNÍ?

NÍ BHEIMID, NÓ, MÁS FEARR LEAT É, CHA BHÍONN SINN.

PORTÁIN NÓ GLIOMAIGH?

CHAN EA.

MUCA FIÁINE?

NÍ MUCA IAD AGUS NÍL SIAD FIÁIN.

MÁS EA, A DHUINE UASAIL, TÉANAM ORT AGUS NÍ CHUIRFEAD AON CHEIST EILE GO FÓILLEACH ORT DE BHRÍ NÁ FUILIR SO-CHAINTEACH.

GHLUAISEAMAR LINN AMACH AG TARRAINGT AR NA ROSA. AR AN mBÓTHAR DÚINN CASADH ORAINN FEAR AS NA ROSA DARBH AINM JAMS O'DONNELL...

AN bhFUILIR GO RÍ-MHAITH?.

NÍL MÉ ACH GO MEASARTHA, AGUS NÍL GAEILGE AR BITH AGAM ACH GAEILG CHÚIGE ULADH.

AN RABHAIS RIAMH AR AN bhFEIS I gCORCA DORCHA, A DHUINE UASAIL?

CHA RABH, ACH BHÍ MÉ AR AN DRABHLÁS IN ALBAIN.

CHEAPAS, GO bhFACAS TÚ AR AN SCATA DAOINE A BHÍ BAILITHE AG GEATA PHÁIRC NA FEISE.

CHA RABH MÉ I MEASC AN SCAIFTE AG AN GHEAFTA, A CHAIFTÍN.

AR LÉIS 'SÉADNA' RIAMH?

LEANAMAR LINN AG COMHRÁ GO hÉADROM BÉASACH LE CHÉILE GO CIONN I bhFAD, AGUS CHRUINNÍOS A LÁN EOLAIS AR NA ROSA AGUS AR AN DROCHDHÓIGH A BHÍ AR NA DAOINE ANN IAD UILIG COSTARNOCHT AGUS GAN GLÉAS BEO.

SHROICHEAMAR NA ROSA FAOI DHEIREADH AGUS ISTEACH THAR CHLAÍ LEIS AN SEANDUINE GO TOBANN. ISTEACH LIOMSA AR A SHÁLA. I SMÉIDEADH SÚILE BHÍ FUINNEOG Á FOSCAILT AG AN SEANDUINE AGUS BHÍ SÉ IMITHE UAIM AS RADHARC AR FUD AN TÍ.

HUP!

NNNF!

SHEASAÍOS GO CIONN NÓIMÉID AG MEABHRÚ IONTAISÍ AN TSAOIL AGUS ANSIN NUAIR A BHÍOS AR TÍ A LEANÚINT AN FHUINNEOG ISTEACH, AMACH LEIS ARÍS DE PHREIB.

BHÍ SEILG BHREÁ SA TIGH SIN RIAMH.

CÚIG SCILLINGE AIRGID, NEACLÁIS BHREÁ GHALÁNTA MNÁ AGUS FÁINNE BEAG ÓIR A BHÍ INA GHLAC AIGE!

IS LEIS AN MÁISTIR Ó BÍONASA AN TIGH SIN, AGUS IS ANNAMH A CHUAIGH MÉ IN AISCE ANN.

MUISE, IS NEAMHCHOITIANTA AN SAOL ATÁ INNIU ANN AGUS IS MÍRIALTA AN TSEILG ATÁ ANOIS AR SIÚL AGAINN.

MÁS EA, IS MITHID.

SEO LINN AG GLUAISEACHT ROMHAINN, AG SEILG AGUS AG GADAÍOCHT Ó THIGH GO TIGH...

AN AMHLAIDH, NACH BhFUIL AOINNE BEO SA TÍR SEO NÓ AN FÍOR GO BhFUILID GO LÉIR GLANTA UAINN SIAR GO DTÍ AN TOILEÁN ÚR? TÁ NA TITHE GO LÉIR FOLAMH AGUS TÁ CÁCH AS BAILE.

IS FOLLAS, A MHICÍNÍN BHIG Ó, NACH BhFUIL NA DEA-LEABHAIR LÉITE AGAT. TÁ AN TRÁTHNÓNA ANOIS ANN AGUS DE RÉIR NA CINNIÚNA LITEARTHA TÁ STOIRM ANN BÉAL CLADAIGH, TÁ NA HIASCAIRÍ AR AN ANÁS AMUIGH AR AN UISCE, TÁ NA DAOINE BAILITHE AR AN TRÁ, TÁ NA MNÁ AG CAOINEADH AGUS TÁ MÁTHAIR BHOCHT AMHÁIN AG SCREADADH 'CÉ A BHÉARFAS TARRTHÁIL AR MO MHICÍ?' SIN MAR BHÍ AN SCÉAL RIAMH AG NA GAEIL LE TEACHT NA HOÍCHE SNA ROSA.

RACHAIMID ANOIS GO BOTHÁN MO CHARAD, FEARDANAND Ó RÚNASA I gCILL AODHA, MISE AG FUIREACH ANSIN AR FEADH NA hOÍCHE AGUS TUSA AG TARRAINGT ARÍS AR AN mBAILE AR CHAITHEAMH DO PHROINNE DUIT ANN.

A MHICÍ! A MHICÍ!

...GHEOBHADSA TRUCAILLÍN Ó FHEARDANAND AGUS FILLFEAD AR AN mBAILE AMÁRACH LENA bhFUIL BEIRTHE SLÁN AGAM INNIU DE THAIRBHE NA SEILGE.

TÁ GO MAITH, A DHUINE UASAIL.

TEACH BEAG AOLBHÁN IN ASCAILL AN GHLEANNA GUR MHAIR FEARDANAND ANN, CUIREADH FÁILTE MHÓR GHAELACH ROMHAINN. CUIREADH EARRAÍ AN TSEANDUINE I bhFOLACH - BA LÉIR GO RAIBH CLEACHTADH AG GACH AOINNE AR AN OBAIR SIN - AGUS ANSIN SHUÍOMAR GO LÉIR SÍOS CHUN PRÁTAÍ AGUS LEAMHNACHT.

AGUS DO MHAC MICÍ?

MUISE, THOIR AR AN DRABHLÁS IN ALBAIN ATÁ SÉ!

BHÍ AN DORCHADAS AG TEACHT ANUAS AR AN DOMHAN SAN AM SEO AGUS SMAOINÍOS GUR MHITHID DOM A BHEITH AG CUR BONN LE BÓTHAR AR AN mBEALACH FADA A BHÍ ROMHAM THAR N-AIS GO CORCA DORCHA.

BHÍOS TAMALL MAITH AMUIGH SULAR THUIGEAS GO DÍREACH CAD A BHÍ NEAMHGHNÁCH MÓRTHIMPEALL ORM. BHÍ AN TÍR TIRIM, GAN AON DOIRTEADH-UISCE AG TEACHT ANUAS ORM.

BHÍ AN BEALACH GO CORCA DORCHA MÍNITHE DOM ROIMH RÉ AG AN SEANDUINE LIATH, AGUS BHOGAS LIOM GO GROÍ. BHÍ NA RÉALTÓGA AG DÉANAMH SOLAIS DOM, BHÍ AN TALAMH RÉIDH FAOI MO CHOIS AGUS ANLANN FUAR AN AER-OÍCHE AG CUR FAOBHAIR CHUN PRÁTAÍ AR MO GHOILE.

BHÍ CRÓNÁN NA MARA I MO CHLUAIS GO CIONN UAIRE AGUS SÁILBHOLADH NA FEAMNAÍ AG PLÚCHADH MO SHRÓINE.

THUG AN COSÁN AR FEADH AILLE MÉ, AGUS STADAS GO CIONN TAMAILLÍN AG BREATHNÚ UAIM. THÍOS, BHÍ TRÁ MHÓR GHAINIMH, Í GEAL RÉIDH AMUIGH MAR A RAIBH NA MIONTONNTRACHA CIÚINE AG TEACHT GO BINN CEANSA I DTÍR.

BHÍ GACH NÍ CHOMH SOIRBH SÍOCHÁNTA GUR SHUÍOS FÚM SAN ÁIT INA RAIBH MÉ LE HAOIBHNEAS A BHAINT AS AN UAIN AGUS LE FAILL A THABHAIRT DON TUIRSE ÉALÚ AS MO CHNÁMHA.

NÍ ABRÓINN NACH DTÁINIG TOIRCHIM BHEAG SUAIN ORM, ACH I DTOBAINNE BHÍ PLÉASCADH MÓR FOTHRAIM ANN I LÁR AN CHIÚNAIS AGUS BHÍOS ARÍS I MO LÁNMHÚSCAILT AGUS FÓS, GAN AMHRAS, AR MO CHOIMHEÁD.

UHH?!

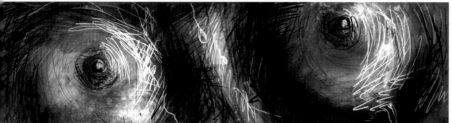

SHUÍOS AG ÉISTEACHT GAN CORRAÍ ASAM, MO CHROÍ LÁN D'IONTAS AGUS D'ÁIBHÉILEACHT.

BHÍ AN T-AER ANOIS LOFA LE SEANBHOLADH BRÉINE A BHAIN CEOL AGUS RINCE AS CRAICEANN MO SHRÓINE. THÁINIG EAGLA AGUS CUMHA AGUS DÉISTIN ORM. BHÍ AN BOLADH AGUS AN FOTHRAM ÚD COMHCHEANGAILTE LE CHÉILE.

D'ÉIRÍOS, CHUAIGH SIAR, SOIR AGUS Ó THUAIDH, AGUS NÍOR STOP GUR SHEASAIGH THÍOS AR GHAINEAMH AN CHLADAIGH.

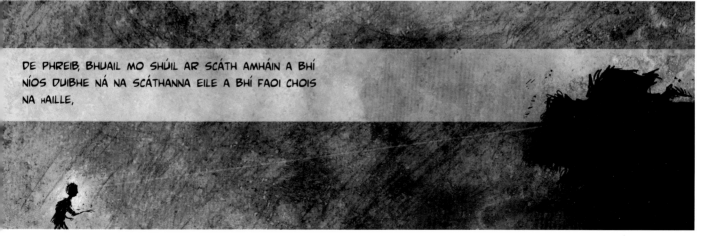

DE PHREIB, BHUAIL MO SHÚIL AR SCÁTH AMHÁIN A BHÍ NÍOS DUIBHE NÁ NA SCÁTHANNA EILE A BHÍ FAOI CHOIS NA HAILLE,

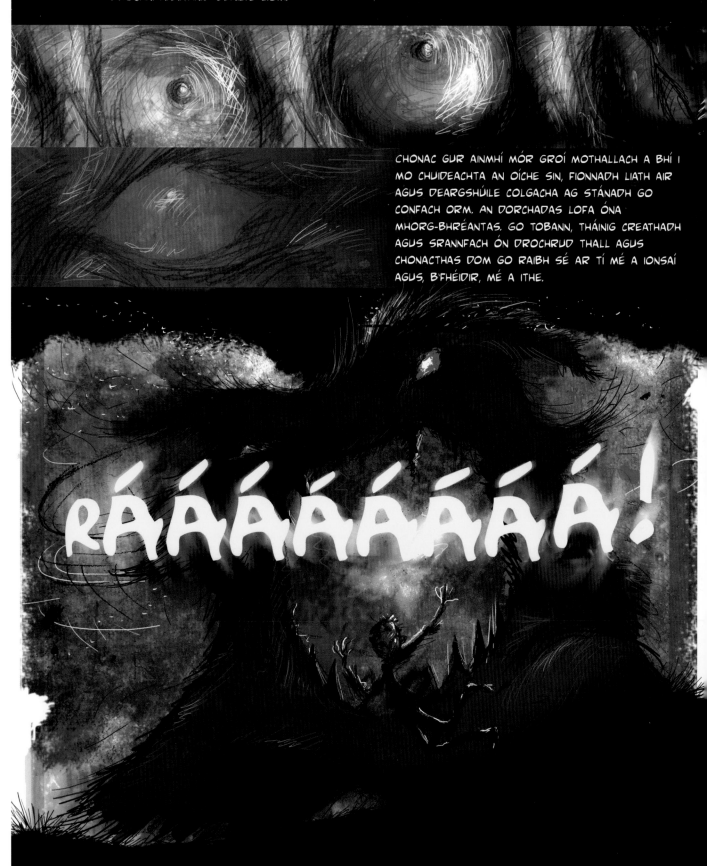

TÁINIG FONN LÁIDIR ORM A BHEITH SA BHAILE GO SLÁN, THIAR I DTÓIN AN TÍ AG BREITH MO SHUAIN I MEASC NA MUC. TÁINIG UAIGNEAS ORM, MISE I M'AONAR SAN IONAD SIN AGUS AN DROCHNÍ ANAITHNID BUAILTE LIOM.

CHONAC GUR AINMHÍ MÓR GROÍ MOTHALLACH A BHÍ I MO CHUIDEACHTA AN OÍCHE SIN, FIONNADH LIATH AIR AGUS DEARGSHÚILE COLGACHA AG STÁNADH GO CONFACH ORM. AN DORCHADAS LOFA ÓNA MHORG-BHRÉANTAS. GO TOBANN, TÁINIG CREATHADH AGUS SRANNFACH ÓN DROCHRUD THALL AGUS CHONACTHAS DOM GO RAIBH SÉ AR TÍ MÉ A IONSAÍ AGUS, B'FHÉIDIR, MÉ A ITHE.

RÁÁÁÁÁÁÁÁÁ!

NÍ CLOS DOM AON FHOCAL GAEILGE RIAMH AR AN SCANRADH A BHÍ ORM. BHÍ RACHT CREATHA AG MASLÚ MO CHNÁMH Ó BHONN GO BAITHIS; NÍ RAIBH ACH AN CORRBHUILLE Á BHUALADH AG MO CHROÍ AGUS BHÍ AN T-ALLAS FUAR AG STEALLADH UAIM GO TIUBH. DAR LIOM NÁRBH FHADA MO RÉIM AN UAIR SIN DOM AR THALAMH GLAS NA HÉIREANN.

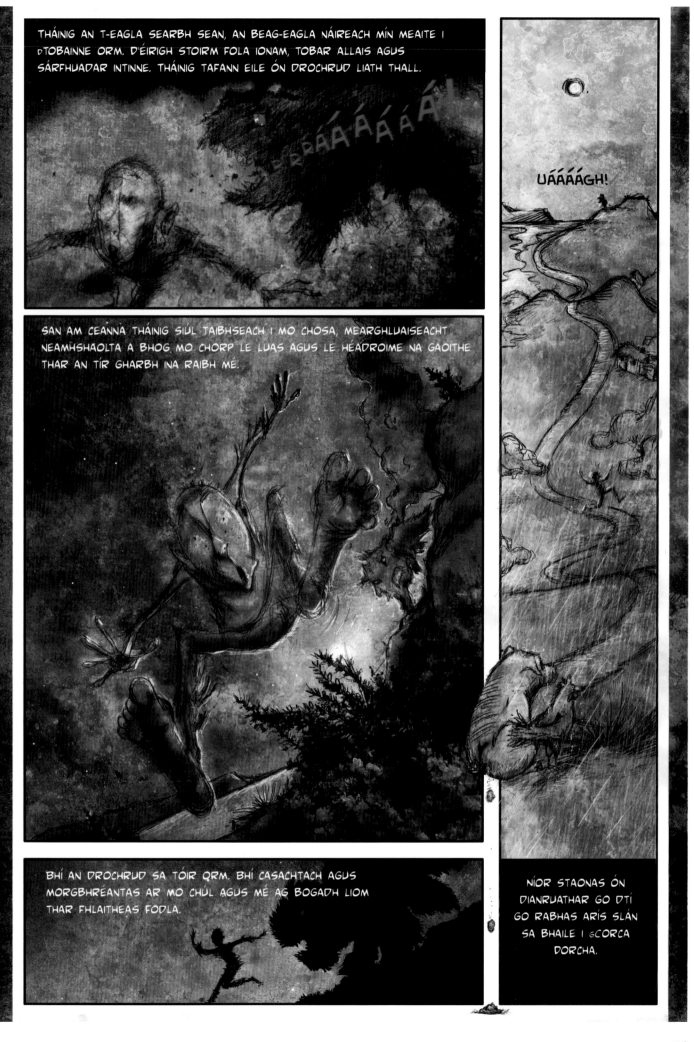

TÁINIG AN T-EAGLA SEARBH SEAN, AN BEAG-EAGLA NÁIREACH MÍN MEAITE I DTOBAINNE ORM. D'ÉIRIGH STOIRM FOLA IONAM, TOBAR ALLAIS AGUS SÁRFHUADAR INTINNE. THÁINIG TAFANN EILE ÓN DROCHRUD LIATH THALL.

FRRÁÁÁÁÁ!

UÁÁÁÁGH!

SAN AM CEÁNNA THÁINIG SIÚL TAIBHSEACH I MO CHOSA, MEARGHLUAISEACHT NEAMHSHAOLTA A BHOG MO CHORP LE LUAS AGUS LE HÉADROIME NA GAOITHE THAR AN TÍR GHARBH INA RAIBH MÉ.

BHÍ AN DROCHRUD SA TÓIR ORM. BHÍ CASACHTACH AGUS MORGBHRÉANTAS AR MO CHÚL AGUS MÉ AG BOGADH LIOM THAR FHLAITHEAS FÓDLA.

NÍOR STAONAS ÓN DIANRUATHAR GO DTÍ GO RABHAS ARÍS SLÁN SA BHAILE I GCORCA DORCHA.

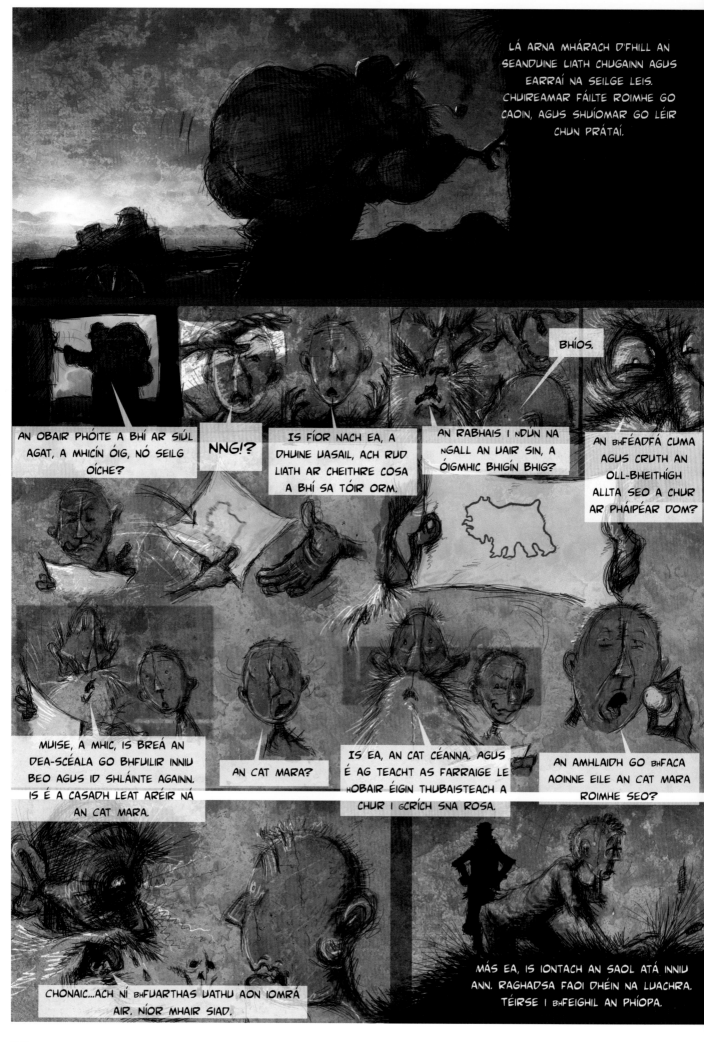

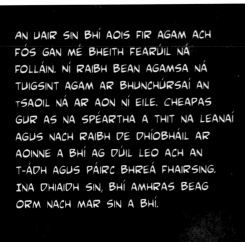

AN UAIR SIN BHÍ AOIS FIR AGAM ACH FÓS GAN MÉ BHEITH FEARÚIL NÁ FOLLÁIN. NÍ RAIBH BEAN AGAMSA NÁ TUIGSINT AGAM AR BHUNCHÚRSAÍ AN TSAOIL NÁ AR AON NÍ EILE. CHEAPAS GUR AS NA SPÉARTHA A THIT NA LEANAÍ AGUS NACH RAIBH DE DHÍOBHÁIL AR AOINNE A BHÍ AG DÚIL LEO ACH AN T-ÁDH AGUS PÁIRC BHREÁ FHAIRSING. INA DHIAIDH SIN, BHÍ AMHRAS BEAG ORM NACH MAR SIN A BHÍ.

CAD CHUIGE AGUS CANATHAOBH, A DHUINE UASAIL, NACH bhFUILIMSE PÓSTA?

AN TÉ A BHÍONN FOIGHDEACH, BÍONN SÉ SÁSTA.

GO CIONN MÍOSA MHEABHRAÍOS AN SCÉAL AR MO SHUAIMHNEAS AGUS MÉ SÍNTE AR AN LUACHAIR I DTÓIN AN TÍ. THUGAS FÁ NDEARA GUR FIR A PHÓS NA MNÁ I GCÓNAÍ AGUS GUR PHÓS NA FIR MNÁ.

LÁ AR AN mBÓTHAR DOM CASADH ORM BEAN Ó UACHTAR CHORCA DORCHA...

A BHEAN UASAL, TÁIMSE FÁSTA IN AOIS FIR AGUS FÉACH NACH bhFUIL AON CHLANN AGAM...

...AN bhFUIL AON CHOSÚLACHT ANN, A CHÓIRBHEAN SPÉIRIÚIL, GO bPÓSFÁ MÉ?

FREAGRA NÁ BEANNACHT CHINEÁLTA NÍ bhFUAIREAS ACH AS GO BRÁCH LÉI AGUS Í AG EASCAINÍ IN ARD A GUTHA.

AGUS UISCÍ NA HOÍCHE AG TEACHT ANUAS, THÁINIG FEAR ARD URRÚNTA DÚGHRUAIGEACH AG IARRAIDH MO THUAIRISCE AR MO MHÁTHAIR, BATA DROIGHIN INA GHLAIC AIGE AGUS GRUAIM NA MÓRFHEIRGE AIR. DÚIRT MO MHÁTHAIR LEIS GO RABHAS AS BAILE AGUS NACH RAIBH AON CHOINNE AICI GO BhFILLFINN CHOÍCHE. D'IMIGH AN FEAR DUBH UAINN ACH BHÍ GO LEOR FOCLA SALACHA AGUS BRIATHRA NEAMHBHEANNACHTACHA RÁITE AIGE AN T-AM AR IMIGH.

TAR ÉIS DOM A BHEITH AG MEABHRÚ NA CEISTE GO CIONN BLIANA EILE, CHUIREAS FORRÁN ARÍS AR AN SEANDUINE LIATH.

A DHUINE MHACÁNTA, TÁIMSE DHÁ BHLIAIN AG FEITHEAMH ANOIS GAN BEAN CHÉILE AGUS NÍ DÓIGH LIOM GO NDÉANFAD MAITH CHOÍCHE GAN SIN AGAM. IS BAOLACH GO BhFUIL NA COMHARSANA AG MAGADH FÚM. AN DÓIGH LEAT GO BhFUIL AON FHÓIRITHINT LE DÉANAMH AR MO CHRUACHÁS NÓ AN mBEAD I M'AONAR GO LÁ MO BHÁIS AGUS MO BHUANADHLACTHA?

A BHUACHAILL Ó, BHEADH SÉ RIACHTANACH CAILÍN ÉIGIN A BHEITH AR AITHNE AGAT.

MÁS AMHLAIDH ATÁ, A DHUINE UASAIL, CÁ HÁIT DAR LEAT A BhFUIL NA CAILÍNÍ IS FEARR LE FÁIL ANN?

SNA ROSA, GAN AMHRAS.

MÁS MAR SIN ATÁ, RAGHAD AMÁRACH GO DTÍ NA ROSA GO BHFAIGHE MÉ BEAN.

BEAN ATÁ UAIDH.

MUISE, AN CRÉATÚR BOCHT!

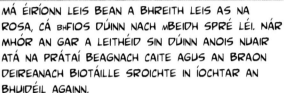

MÁ ÉIRÍONN LEIS BEAN A BHREITH LEIS AS NA ROSA, CÁ BHFIOS DÚINN NACH MBEIDH SPRÉ LÉI. NÁR MHÓR AN GAR A LEITHÉID SIN DÚINN ANOIS NUAIR ATÁ NA PRÁTAÍ BEAGNACH CAITE AGUS AN BRAON DEIREANACH BIOTÁILLE SROICHTE IN ÍOCHTAR AN BHUIDÉIL AGAINN.

MÁS EA, NÍ ABRÓINN NACH BHFUIL AN CEART AGAT.

BHÍ AITHNE AG AN SEANDUINE AR FHEAR I NGAOTH DOBHAIR - JAMS O'DONNELL - A RAIBH INÍON DHATHÚIL CHEANNCHATACH AIGE A BHÍ GO FÓILL GAN PÓSADH, CÉ GO RAIBH FIR ÓGA ÓN "DÁ FHEARSAID" AR MIRE LE FUADAR PÓSTA INA TIMPEALL. NÁBLA AINM NA GIRSÍ AGUS DÚRAS GO MBEINN SÁSTA Í A GHLACADH.

AN CHÉAD LÁ EILE CHUN SIÚIL LEIS AN MBEIRT AGAINN GUR SHROICHEAMAR GAOTH DOBHAIR I LÁR AN TRÁTHNÓNA...

TÉANAM ORT GO GCUIRFIMID AN MARGADH I GCRÍCH AGUS GO BHFAIGHIMID ÁR BPRÁTAÍ NÓNA. TÁ GÉAROCRAS AR MO CHUID OCRAIS.

A MHICÍN BHIG, IS EAGAL LIOM NÁ TUIGEANN TÚ AN SAOL. TÁ SÉ RÁITE SNA DEA-LEABHAIR GUR I LÁR NA HOÍCHE A BHEIR BEIRT FHEAR CUAIRD MÁ TÁ BUIDÉAL CÚIG NAIGÍN ACU AGUS IAD AR LORG MNÁ. AR AN ÁBHAR SIN, NÍ FOLÁIR DÚINN SUÍ ANSEO GO DTÍ GO MBEIDH LÁR NA HOÍCHE ANN.

NÍOR ÉIRIGH LINN AN OÍCHE SIN ÉALÚ ÓN GCINNIÚINT NÁ ÓN BHFEARTHAINN. FLIUCHADH GO CRAICEANN SINN, AGUS ISTEACH FAOIN GCRAICEANN GO DTÍ NA CNÁMHA.

CNAG!

CNAG!

NUAIR A SHROICHEAMAR URLÁR JAMS O'DONNELL SA DEIREADH - FLUICH BÁITE - BHÍ NÁBLA INA LUÍ NÓ ("FÁ CHÓNAÍ").

NÍ GÁ DOM CUR SÍOS AR AN GCAINT SHEAFÓIDEACH A D'AITHRIS AN SEANDUINE LIATH AGUS JAMS O'DONNELL NUAIR A BHÍ CEIST AN CHLEAMHNAIS Á PLÉ ACU. TÁ AN CHAINT GO HIOMLÁN LE FÁIL SNA DEA-LEABHAIR.

TUITH!

TUITH!

NUAIR A D'FHÁGAMAR JAMS LE FÁINNE GEAL AN LAE BHÍ AN CAILÍN GEALLTA DOMSA, AGUS BHÍ AN SEANDUINE LIATH AR MEISCE.

NÍ MISTE DOM A RÁ GO RAIBH PLÉARÁCA AGUS ARDSCLÉIP AR AN mBAILE SEO NUAIR A THÁINIG LÁ MO PHÓSTA. BHAILIGH NA COMHARSANA ISTEACH DO MO MHOLADH.

EEHÁÁ!

A MHIC, MURA BHFAIGHIDH AN DREAM SEO BIOTÁILLE AGUS TOBAC UAINN IS EAGAL DOM GO nGOIDFEAR MUC AS AN TIGH SEO ANOCHT.

GOIDFEAR NA MUCA GO LÉIR AGUS MO BHEAN CHÉILE FREISIN!

ACH AN SPRÉ AIRGID A BHÍ FAIGHTE AG AN SEANDUINE, BHÍ SÉ GO LÉIR SAN AM SEO ÓLTA AIGE. NÍ RAIBH AON DEA-BHRAON SA TIGH AGAINN LE BUALADH AMACH OS COMHAIR NA gCOMHARSAN THÁINIG GRUAIM ORTHU AGUS DROCHAOIBH.

UHH?

'SCAOIL AMACH MÉ, LED' THOIL!!'

AGUS FÍORDHROCH-CHUMA AR GACH NÍ ISTEACH LE MÁIRTÍN Ó BÁNASA AGUS BAIRILLE BEAG DEN FHÍORUISCE FAOINA ASCAILL AIGE.

HUP!

HURRRRÁÁÁ!

THÁINIG FONN SUÁILCE AGUS GEALGHÁIREACHAIS AR AN MUINTIR ISTIGH, AGUS THOSAÍODAR AG ÓL, AG DAMHSA AGUS AG GABHÁIL CHEOIL GO DÍCHEALLACH.

BHÍ AN GLEO AG BAINT CREATHA AS BALLAÍ AN TÍ, AGUS AG CUR ÁIBHÉILE AGUS UAFÁIS AR NA MUCA.

ALP!

TUGADH LÁN CUPÁIN DEN OLA THEASAÍ DOM' MHNAOI I dTÓIN AN TÍ - D'AINNEOIN NACH RAIBH AON GHOILE AICI CHUICI - AGUS NÍOR CHIAN GUR THIT SÍ SIAR INA CODLADH MEISCE AR AN LUACHAIR.

EEHÁÁ!

SAN AM A RAIBH AN MEÁN OÍCHE TAGTHA BHÍ FUIL Á DOIRTEADH GO FIAL...

UM A TRÍ A CHLOG AR MAIDIN CAILLEADH BEIRT FEAR DE THAIRBHE BABHTA TRODA A D'ÉIRIGH I dTÓIN AN TÍ. BA MHAITH AN MHAISE GUR CHAILL MO BHEAN NA CÉADFAÍ AGUS NÁR BHRAITH SÍ OBAIR NA BAINISE SIN.

NUAIR A BHÍOS PÓSTA AR FEADH MÍOSA NÓ MAR SIN, D'ÉIRIGH IOMRASCÁIL AGUS CAINT CHONFACH IDIR MO BHEAN AGUS MO MHÁTHAIR. CHUAIGH AN SCÉAL IN OLCAS Ó LÁ GO LÁ, AGUS SA DEIREADH MHOL AN SEANDUINE LIATH DÚINN GLANADH AMACH AS AN TIGH AR FAD. NÍ RAIBH SÉ CEART NÁ CUÍ, DAR LEIS, BEIRT BHAN BHEITH FAOIN DÍON CÉANNA. AN SEANCHRÓ A TÓGADH FADÓ LE HAGHAIDH NA mBEITHÍOCH, SHOCRAÍOMAR É A CHUR I DTREO AGUS AR ORDÚ CÓNAITHE.

NUAIR A BHÍ SIN DÉANTA AGUS NA LEAPACHA LUACHRA ISTIGH AGAINN THIAR, D'FHÁGAS-SA AGUS MO BHEAN AN TEACH EILE MARAON LE DHÁ MHUIC AGUS NITHE BEAGA TÍS, AGUS CHROMAMAR AR A BHEITH AG MAIREACHTÁIL SA TIGH EILE.

BHÍ NÁBLA GO GLIC CHUN PRÁTAÍ A BHEIRIÚ AGUS BHÍ SAOL SUAIMHNEACH AGAINN LE CHÉILE GO CIONN BLIANA. IS MINIC A THIOCFADH AN SEANDUINE LIATH ISTEACH SA TRÁTHNÓNA AG DÉANAMH COMHLUADAIR LINN.

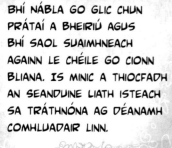

LÁ DÁR FHILLEAS ABHAILE I NDUBH NA HOÍCHE Ó GHAILLIMH...

NNNA! ?

NNNÁ!

...MHOTHAÍOS GO RAIBH BAINBHÍN MUICE NUA FAIGHTE AGAINN I DTÓIN AN TÍ. BHÍ MO BHEAN INA CODLADH AGUS AN RUIDÍN BEAG GEALCHRAICNEACH AG AN PÍOBARNAIGH GO HÍSEAL I LÁR AN TÍ.

SEA, IS IONTACH AN MAC AN SAOL!

BHÍ CEANN BEAG MAOL AIR, AGHAIDH CHOMH MÓR LE HUBH LACHAN, AGUS COSA FAOI MO DHÁLA FÉIN. BÁIBÍN LINBH A BHÍ AGAM, AGUS NÍ GÁ DOM A RÁ GURBH AOIBHINN DO-INSTE AN GLIONDAR A THÁINIG I DTOBAINNE AR MO CHROÍ. BHÍ FEAR BEAG CLAINNE AGAM!

MHOTHAÍOS TÁBHACHT AGUS UAISLEACHT AG LÍONADH MO CHROÍ, AGUS TOIRT AG TEACHT I MO CHOLAINN.

SHOCRAÍOMAR LÁNARDÓ Ó CÚNASA A THABHAIRT MAR AINM AR AN ÓIGFHEAR.

FARAOR, NÍ BUAN AN T-AOIBHNEAS NÁ AN SÓ AG AON BHOCHTÁN GAELACH AGUS NÍ FADA A ÉALAÍONN SÉ Ó SCIÚRSÁIL NA CINNIÚNA.

LÁ DÁ RABHAS AR AN bhFAICHE BÉAL DORAIS AG SÚGRADH LE LÁNARDÓ NUAIR A BHÍ LÁ AGUS BLIAIN SLÁN AIGE, D'AIRÍOS GO RAIBH EASLÁINTE TAGTHA I dTOBAINNE AIR, AGUS NACH RÓFHADA ÓN tSÍORAÍOCHT A BHÍ SÉ.

BHÍ A AGHAIDH BEAG LIATH AGUS CASACHTACH MHILLTEANACH AG GABHÁIL DÓ. THÁINIG SCANRADH ORM DE BHRÍ NÁR FHÉADAS AN CRÉATÚR A

UH?!

D'FHÁGAS É MAR A RAIBH SÉ AR AN bhFÉAR AGUS RITHEAS ISTEACH AR LORG MO MHNÁ. CAD DEIRIR ACH GO bhFUAIREAS Í SÍNTE FUAR MARBH AR AN LUACHAIR, A BÉAL AR LÁNOSCAILT, AGUS NA MUCA AG SRANNFAIGH INA TIMPEALL.

!

AN T-AM AR SHROICHEAS LÁNARDÓ ARÍS BHÍ SEISEAN GAN AON BHEATHA ANN CHOMH MAITH. BHÍ SÉ IMITHE ARÍS GO DTÍ AN FÓD ÓNA dTÁINIG

SIN CHUGAT, A LÉITHEOIR, FAISNÉIS AR SHAOL NA MBOCHTÁN GAELACH I GCORCA DORCHA AGUS CUNTAS AR
AN GCINNIÚINT ATÁ ROMPU ÓN CHÉAD LÁ. TAR ÉIS NA CÉILÍ MÓIRE TIG AN DÚBHRÓN AGUS NÍ GO SEASMHACH
A MHAIREANN AN DEA-UAIN.

BHÍ FEAR AR AN ᵐBAILE SEO UAIR AMHÁIN AGUS SITRIC Ó SÁNASA A BHÍ MAR AINM AIR. DAOINE UAISLE A THÁINIG I MÓTARS Ó BHAILE ÁTHA CLIATH AG BREATHNÚ NA ᵐBOCHTÁN, MHOLADAR GO HARD É AS UCHT A BHOCHTANAIS GHAELAIGH AGUS DÚRADAR NACH ʙʜFACADAR AOINNE RIAMH AR A RAIBH DEALRAMH CHOMH FÍOR-GHAELACH. BUIDÉAL BEAG UISCE A BHÍ AG Ó SÁNASA UAIR, BHRIS DUINE DE NA DAOINE UAISLE É DE BHRÍ GUR "SPILE SÉ AN EFFECT".

NÍ DÓIGH LIOM, GO ʙʜFUAIR SITRIC AON PHRÁTA LE DHÁ LÁ ANUAS.

IS FÍOR DUIT GO FÍRINNEACH, A MHÁIRTÍN, AGUS NÍL AON TSLÁINTE LE FÁIL AS AN ʙʜFÉAR BORB GARBH ATÁ MAR FHIONNADH AR AN ɢCNOC SEO.

CHONAC AN DUINE BOCHT INNÉ, AGUS É AMUIGH AG ÓL NA FEARTHAINNE.

DÉARFAINN NACH RÓ-FHADA SCARTHA ÓN TSÍORAÍOCHT ATÁ AN FEAR BOCHT NEAMHURCHÓIDEACH CÉANNA. AN TÉ A BHÍONN I ʙʜFAD GAN PHRÁTA NÍ BHÍONN SÉ FOLLÁIN.

A LUCHT NA ᵐBINNBHRIATHAR, MURA BHFUIL SEACHRÁN AR MO SHÚIL, TÁ SITRIC TAR ÉIS TEACHT AS A PHLUAIS.

THÍOS FAOIN MÍNTÍR A BHÍ SITRIC ANOIS INA SHEASAMH AG BREATHNÚ MÓRTHIMPEALL AIR...

IS Í AN FHÍRINNE ATÁ LUAITE AGAT SA MHÉID SIN, A CHARA, AGUS TÁ AN FHÍRINNE SIN FÍOR.

NNNNGH!

NÍ RAIBH SEASAMH MAITH RIAMH SA TÉ A BHÍ I ʙʜFAD GAN PHRÁTA.

AN FADA Ó CHAITHIS AON GHREIM BÍDH, A SHITRIC, A DHUINE AOIBHINN?

NÍOR BHLAISEAS AON PHRÁTA LE SEACHTAIN, AGUS TÁ MÍ ANN Ó BHLAISEAS BLÚIRE ÉISC. NÍ BHÍONN AON NÍ LEAGTHA ROMHAM UM TRÁTH BÍDH ACH AN GORTA FÉIN AGUS NÍ BHÍONN FIÚ AMHÁIN GREIM SALAINN AGAM MAR ANLANN LEIS. IS AMHLAIDH A CHAITHEAS SMUTÁN MÓNA ARÉIR AGUS NÍ ABRÓINN GUR RÓ-MHAITH A CHUAIGH AN DÚBHIATACHAS SIN I BHFASTÓ AR MO GHOILE. BHÍOS FOLAMH ARÉIR ACH ANOIS, PÉ SCÉAL É, TÁ MO BHOLG LÁN DE PHIANTA.

IS MAIRG DON TÉ A BHÍOS AG ITHE AN PHORTAIGH. NÍL AON TSLÁINTE SA MHÓIN, ACH DAR NDÓIGH, CÁ BHFIOS DÚINN NACH MBEIDH NA PORTAIGH AGUS NA CNOIC FÓS MAR LÓN AGAINN GO LÉIR?

A DHAOINE FIÚNTACHA, AR MHISTE LIBH MÉ A IOMPAR GO DTÍ AN CLADACH AGUS MÉ A CHUR I BHFARRAIGE? NÍL MEÁCHAN COINÍN IONAM AGUS BA BHOG AN BHEART AG FEARA FÓNTA MAITH-BHEATHAITHE MÉ A CHAITHEAMH AMACH LE HAILL.

A BHÓNAPÁIRT, SIÚD LEAT AGUS BEIR PRÁTA MÓR Ó CHORCÁN NA MUC I MO BHOTHÁINÍN-SE.

PHREABAS LIOM GO RÁBACH AGUS NÍOR STOPAS GO RAIBH AN PRÁTA BA MHÓ SA PHOTA FAIGHTE AGAM AGUS TABHARTHA AR AIS GO FÓD AN GHORTA.

IS BLASTA AN PHROINN Í SIN AGUS TÁIM LOMLÁN DE BHUÍOCHAS, ACH FÉACH NACH BHFUIL RÓ-FHONN ORM A BHEITH FEASTA AG GLACADH NA DÉIRCE UAIBH NÁ AG CUR BHUR MUCA AR AN GCAOLCHUID. DÁ LUAITHE A CHUIRTEAR I BHFARRAIGE MÉ IS EA IS TÚISCE A BHEIDH SINN GO LÉIR SUAIMHNEACH. IS MIAN LIOM DUL FAOI LOCH AGUS GAN TEACHT ANÍOS ARÍS.

NÍ CLOS DOM RIAMH, GO RAIBH AOINNE SUAIMHNEACH A CHUAIGH AR MUIR GAN BÁD FAOI.

DÁ OLCAS AN TSÁILMHUIR, BA BHOG Í DON TÉ A BHÍONN AN MAIREACHTÁIL SA PHLUAIS SHALACH ÚD AGUS AN DOIRTEADH ANUAS AR MHULLACH A CHINN GACH OÍCHE, GAN AON NÍ ROIMHE CHOÍCHE ACH AN SÍORCHLÁBAR, AN FLIUCHRAS AGUS AN GLASGHORTA...

NÁ DÉAN DEARMAD GUR GAEL TÚ AGUS NACH É AN SÓ ATÁ I NDÁN DUIT.

"AGUS NA BROIC BHRÉANA AGUS NA CAIT MHARA AGUS NA LUCHA MÓRA DONNA ISTEACH GACH OÍCHE AR MHULLACH MO CHINN."

"NÍ NÁDÚRTHA NA CEATHANNA ANUAS ORAINN I GCÓNAÍ, GAN DEALÁN EATARTHU CORRUAIR."

"...AGUS AN CRUACHÁS AGUS AN CRUATAN AGUS AN MÍ-ÁDH."

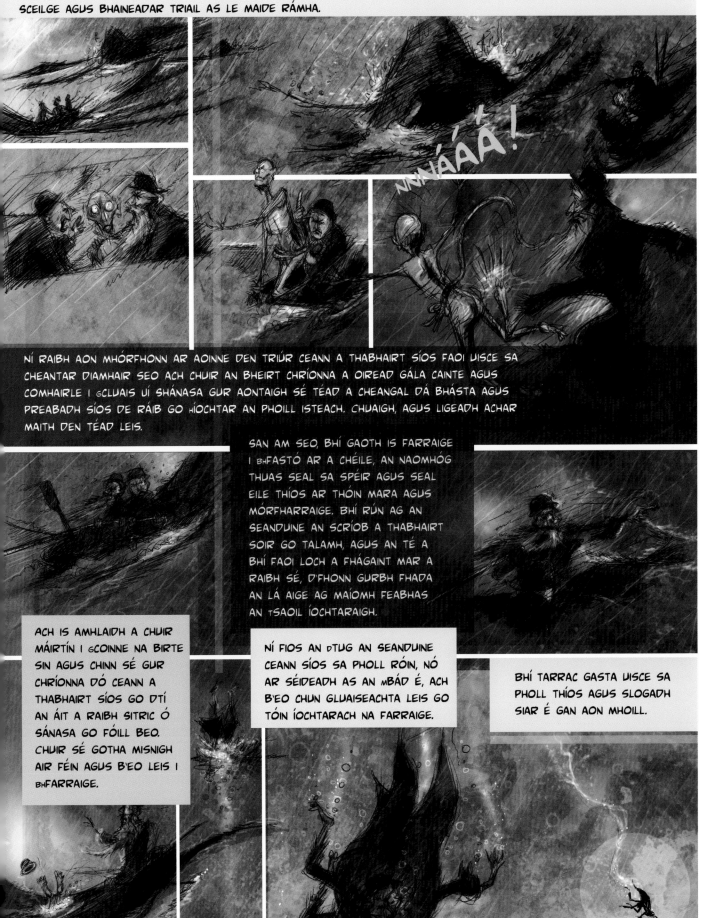

MHÍNIGH AN BHEIRT MHAIRNÉALACH GNÓ NA HOÍCHE DOM. FUAIR AN TRIÚR ACU NAOMHÓG AR IASACHT I NDÚN CHAOIN, AGUS B'EO LEO DON CHLOICH. SAN AM A RABHADAR A FHAD LE BAILE NA RÓN, BHRAITHEADAR POLL MÓR I GCLIATHÁN NA SCEILGE AGUS BHAINEADAR TRIAIL AS LE MAIDE RÁMHA.

NNNÁÁÁ!

NÍ RAIBH AON MHÓRFHONN AR AOINNE DEN TRIÚR CEANN A THABHAIRT SÍOS FAOI UISCE SA CHEANTAR DIAMHAIR SEO ACH CHUIR AN BHEIRT CHRÍONNA A OIREAD GÁLA CAINTE AGUS COMHAIRLE I GCLUAIS UÍ SHÁNASA GUR AONTAIGH SÉ TÉAD A CHEANGAL DÁ BHÁSTA AGUS PREABADH SÍOS DE RÁIB GO HÍOCHTAR AN PHOILL ISTEACH. CHUAIGH, AGUS LIGEADH ACHAR MAITH DEN TÉAD LEIS.

SAN AM SEO, BHÍ GAOTH IS FARRAIGE I BhFASTÓ AR A CHÉILE, AN NAOMHÓG THUAS SEAL SA SPÉIR AGUS SEAL EILE THÍOS AR THÓIN MARA AGUS MÓRFHARRAIGE. BHÍ RÚN AG AN SEANDUINE AN SCRÍOB A THABHAIRT SOIR GO TALAMH, AGUS AN TÉ A BHÍ FAOI LOCH A FHÁGAINT MAR A RAIBH SÉ, D'FHONN GURBH FHADA AN LÁ AIGE AG MAÍOMH FEABHAS AN TSAOIL ÍOCHTARAIGH.

ACH IS AMHLAIDH A CHUIR MÁIRTÍN I GCOINNE NA BIRTE SIN AGUS CHINN SÉ GUR CHRÍONNA DÓ CEANN A THABHAIRT SÍOS GO DTÍ AN ÁIT A RAIBH SITRIC Ó SÁNASA GO FÓILL BEO. CHUIR SÉ GOTHA MISNIGH AIR FÉIN AGUS B'EO LEIS I BhFARRAIGE.

NÍ FIOS AN DTUG AN SEANDUINE CEANN SÍOS SA PHOLL RÓIN, NÓ AR SÉIDEADH AS AN MBÁD É, ACH B'EO CHUN GLUAISEACHTA LEIS GO TÓIN ÍOCHTARACH NA FARRAIGE.

BHÍ TARRAC GASTA UISCE SA PHOLL THÍOS AGUS SLOGADH SIAR É GAN AON MHOILL.

I dTACA LEIS AN AIMSIR FÉIN DE, BHÍ AN SAOL AG DUL IN OLCAS. B'FHACTHAS DÚINN GO RAIBH NA PLUMPANNA FEARTHAINNE I gCORCA DORCHA AG ÉIRÍ NÍOS TROIME AGUS NÍOS TARCAISNIÚLA LE GACH BLIAIN A CHUAIGH THART.

BHÍODH AIBHNEACHA MÓRA AG GLUAISEACHT BÉAL DORAIS, AGUS MÁ SCIOBADH UAINN A RAIBH DE PHRÁTAÍ SA GHORT AGAINN IS MINIC GO RAIBH IASC LE FÁIL AR THAOBH AN BHEALAIGH INA N-IONAD MAR MHALAIRT OÍCHE. DAOINE A BHAIN AMACH AN LEABA GO SLÁN AR FHÓD TÍRE, BHRAITHEADAR GUR FAOI LOCH DÓIBH AR THEACHT NA MAIDINE.

AN AMHLAIDH GO RAIBH NA PLÉASCÁIN MHÓRA FEARTHAINNE ANUAS RIAMH ROIMHE SEO ORAINN CHOMH TROM AGUS ATÁID SAN AM SEO?

BÍODH A FHIOS AGAT, A CHNEASTÁIN ÓIG, NACH BHFUIL SAN UISCE SEO ACH CITH BEAG SAMHRAIDH DON TÉ A BHFUIL EOLAS AIGE AR AN SAOL A BHÍODH ANALLÓD ANN...

LE LINN MO SHEANATHAR, BHÍ DAOINE ANN NÁR BHRAITH TÍR THIRIM NÁ FÓD FOLLÁIN CODLATA Ó RUGADH GUR CAILLEADH IAD, AGUS NÁR BHLAIS AON NÍ ACH IASC AGUS UISCE SPÉIRE. IASC A BHÍODH SA GHORT AN UAIR SIN AGAINN. AN TÉ NACH RAIBH SNÁMH MAITH AIGE, BHAIN SÉ AMACH AN TSÍORAÍOCHT.

GO DÍREACH?

D'IMIGH SÉ LEIS SLÁN BEO AR BHARRA TAOIDE, AGUS RUG LEIS GACH SAGHAS EARRA A BHÍ FÁGTHA INA NDIAIDH AG AN MUINTIR A BHÍ TAR ÉIS CEILIÚRADH LEIS AN SAOL SEO...

...SÁRPHRÁTAÍ BEOSCIOBTHA AS AN TALAMH AG AN TUILE, NITHE BEAGA TÍS, BRAOINÍNÍ BIOTÁILLE AGUS PINGNEACHA LUACHMHARA ÓIR A BHÍ I DTAISCE LEIS NA CIANTA.

MMAM . .MH

AHÁÁÁÁH!

SAN AM AR ÉALAIGH SÉ AS CORCA DORCHA, GEALLAIM DUIT GO RAIBH SÉ SAIBHIR AGUS SCOTHSHÁSTA GAN AON AMHRAS.

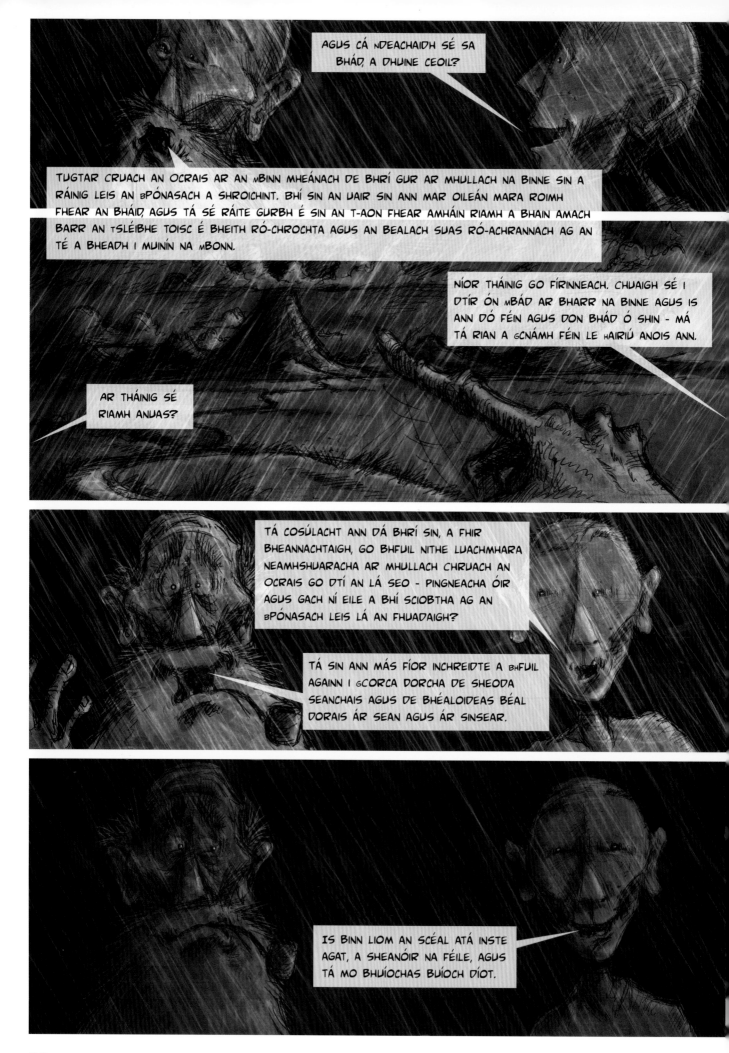

70

DÉARFAINN GUR AR AN BPOINTE SIN AMA A THÁINIG CHUGAM AN RÚN GO RACHAINN LÁ DE LAETHANTA MO SHAOIL FAOI DHÉIN BHARR NA CRUAICHE SIN, BEO NÓ MARBH, MÓR NÓ BEAG, BOLGSHÁSTA NÓ AR ARD-OCRAS.

SSSSS!

IS MAITH IS CUIMHIN LIOM AN MHAIDIN A CHUIREAS TÚS LEM' THURAS...

BHÍ SÉ DORCHA. NUAIR A D'FHÁISCEAS MO CHOLAINN ANÍOS AS AN LUACHAIR THAIS, RUGAS GREIM AR MO CHUACHÁN TAISTIL A BHÍ I BHFOLACH AGAM I LOG SA BHALLA, AGUS GHLUAISEAS LIOM AMACH GO CIÚIN. CHUIR AN FHEARTHAINN AGUS FÉACHAINT FHIÁIN AN EADARSHOLAIS IFREANDA UAIGNEAS AGUS UAFÁS AR MO CHROÍ.

BHÍ SRUTH UISCE, A THÁINIG GO GLÚINE ORM, AG TEACHT GO TEANN I M'AGHAIDH, AGUS GO DEARFA NÍ HAON DEA-GHLUAISEACHT A BHÍ FÚM SAN AM SIN ACH SÍORTHUISLE AGUS LEATHBHACAÍOCHT.

GAN AON AMHRAS, IS AGAMSA A BHÍ AN T-ANRÓ GAELACH AN MHAIDIN SIN. TAR ÉIS GACH DUA, IS FOLLAS GO RAIBH CÉIMEANNA BEAGA GLUAISEACHTA FÚM, ÓIR MHOTHAÍOS AN TALAMH AG ÉIRÍ ROMHAM AGUS AG CUR BREIS PIONÓIS ORM.

NUAIR A BHÍOS IN AIRDE GO MAITH AR DHROIM AN CHNOIC BHRAITHEAS
TUILE D'AIBHNEACHA UISCE AG TEACHT ANUAS SA MHULLACH ORM, MARAON
LE CRAINN, CLOCHA MÓRA AGUS FEIRMEACHA BEAGA TALÚN AGUS GO DTÍ
AN LÁ SEO IS IONTACH LIOM NÁR GHNÓTHAÍOS ÓN NGLUAISEACHT
DHIABHALTA SEO SCOILT MHARFACH I LÁR MO CHINN.

BHÍ BARR MO CHINN BEAGNACH BUAILTE LE NÉALTA FÍOCHMHARA DÚBHOLGACHA AGUS TUILE MHÓR
FEARTHAINNE ASTU A BHÍ CHOMH TROM SIN GO RAIBH MO CHUID GRUAIGE Á PIOCADH ASAM GO TIUBH.

CRÁÁC!

SPLAIS!

D'AINNEOIN GACH DÍCHILL AGUS TRÉANIARRACHTA DÁ NDEARNA MÉ, BHÍ AN FHEARTHAINN CHÉANNA Á HÓL AGAM AGUS
BHÍOS BOLG-ATA GO MILLTEANACH, RUD NÁR CHUIR AON FHEABHAS AR THREOIR MO CHOS.

B'IONTACH AN ÁIT É AGUS BA RÓ-IONTACH AN AIMSIR. NÍ DÓIGH LIOM
GO MBEIDH A LEITHÉIDÍ ARÍS ANN. GO DEARFA, NÍ DREACH NÁDÚRTHA
A BHÍ AR AN ÁIT CHÉANNA, AGUS DÁ OLCAS CORCA DORCHA IS
GO RÉIDH A GHEOBHADH SÉ MOLADH UAIMSE SAN AM SIN.

PFF!

THOSAÍOS AG CUARTÚ AGUS AG CRIATHRÚ NA HÁITE IDIR SHIÚL, THITIM AGUS SHNÁMH...

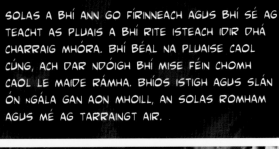

BHRAITHEAS SOLAS BEAG AG LONRÚ GO FAON I BHFAD UAIM, É LAG LEATHCHAILLTE AR FUD AN CHEO AGUS NA
MBRATACHA BÁISTÍ.

SOLAS A BHÍ ANN GO FÍRINNEACH AGUS BHÍ SÉ AG
TEACHT AS PLUAIS A BHÍ RITE ISTEACH IDIR DHÁ
CHARRAIG MHÓRA. BHÍ BÉAL NA PLUAISE CAOL
CÚNG, ACH DAR NDÓIGH BHÍ MISE FÉIN CHOMH
CAOL LE MAIDE RÁMHA. BHÍOS ISTIGH AGUS SLÁN
ÓN NGÁLA GAN AON MHOILL, AN SOLAS ROMHAM
AGUS MÉ AG TARRAINGT AIR.

BHÍ SPLANCACHA MÓRA TINE AG SPALPADH AS AN URLÁR CLOICHE,
AGUS, LÁIMH LÉI, TOBAR FÍOR-UISCE AG PLOBARNAIGH ANÍOS GO
BEO, AGUS AN SRUTH AG ÉALÚ TRASNA AN URLÁIR AMACH I MO
THREO FÉIN SA PHLUAIS.

ACH IS ÉARD A BHÍ AG BAINT AN RADHAIRC AS MO DHÁ SHÚIL NÁ AN SEANDUINE A BHÍ INA LEATHSHUÍ LEATHLUÍ THALL UAIM LE HAIS NA LASRACH AGUS GACH COSÚLACHT AIR GO RAIBH SÉ MARBH.

BHÍ CÚPLA BRATÓG DOAITHEANTA UIME, CRAICEANN A LÁMH AGUS A AGHAIDHE MAR BHEADH LEATHAR ROCACH DONN ANN, AGUS DEALRAMH MÍNÁDÚRTHA AIR GO HIOMLÁN. BHÍ AN DÁ SHÚIL DÚNTA, BÉAL DÚFHIACLACH AR OSCAILT AGUS AN CEANN CROCHTA GO FAON AR LEATAOBH.

THÁINIG TAOM CREATHA ORM, IDIR FHUACHT AGUS FHAITÍOS. BHÍOS BUAILTE SA DEIREADH LE MAOLDÚN Ó PÓNASA!

GO TOBANN, CHUIMHNÍOS AR AN RÚN A SHEOL GO DTÍ AN ÁIT SEO MÉ, AGUS SLÁN MAR A NDEIRIM É NÍOR THUISCE A CHUIMHNÍOS AR NA PINGNEACHA ÓIR NÁ A BHÍODAR AGAM I MO GHLAIC!

ABHUS AR DHEIS LE HAIS MO LÁIMHE BHÍODAR DOIRTE SOIR SIAR AR FUD AN URLÁIR, NA MÍLTE ACU ANN MARAON LE FÁINNÍ ÓIR, SEODA, PÉARLAÍ AGUS SLABHRAÍ TROMA BUÍ. D'IMIGH MO LÁMHA AG CRUINNIÚ NA bPINGNEACHA AS A NGUSTAL FÉIN, AGUS NÍOR CHIAN GO RAIBH A OIREAD ÓIR SA MHÁLA IS A BHEADH AR MO CHUMAS A IOMPAR.

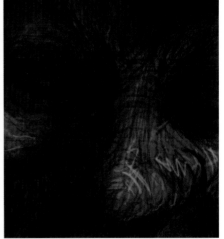

ÍÍÍÁÁÁÁ!

HÍ! HÍ!

IAÚÚÚÚÚÚ!

LE LINN NA hOIBRE SEO, BHRAITHEAS MO CHROÍ AG TEACHT ANIAR AGUS PORT BEAG CEOIL Á BHUALADH AIGE.

NUAIR A BHÍ AN T-ÓR
CRUINNITHE B'EO LIOM AG
LÁMHACÁN AMACH SIAR
TRÍD AN BPLUAIS.

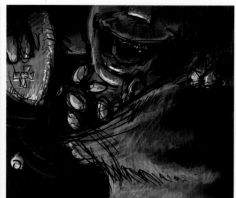

BHÍ BÉAL NA PLUAISE AMUIGH SROICHTE AGAM
AGUS GUTHANNA SCANRÚLA NA GAOITHE AGUS
NA FEARTHAINNE AG IONSAÍ MO CHLUAS NUAIR A
BHUAIL SMAOINEAMH TUBAISTEACH MÉ DE PHLAB.

HUP!

?!

MÁ BHÍ MAOLDÚN Ó PÓNASA MARBH, CÉ A LAS AN TINE AGUS CÉ A BHÍ INA FEIGHIL?

NÍ FHEADAR AR CHAILLEAS DEA-RIAR NA GCÉADFAÍ SAN AM SEO DE BHÍTHIN A RAIBH FAIGHTE AGAM DEN
AINNISE AGUS DEN DROCHÍDE SPÉIRE. IS É RUD A RINNE MÉ, PÉ SCÉAL É, NÁ FILLEADH ISTEACH AR AIS GO
DTÍ AN SAMPLA A BHÍ ISTIGH. FUAIR MÉ ANN É GO DÍREACH MAR D'FHÁG MÉ É.

GO TOBANN, SHLEAMHNAIGH LÁMH AMHÁIN AMÚ
ORM, CAITHEADH MO CHEANN SÍOS AGUS CNAGADH
M'AGHAIDH GO MILLTEANACH AR AN URLÁR.

ÍÍÍÍÍP!

SPLAIS!

UH?

IS AMHLAIDH A FUAIREAS BLAS DEN UISCE BUÍ A BHÍ AG GLUAISEACHT ÓN BHFUARÁN A BHÍ LÁIMH LEIS NA LASRACHA. CHAITHEAS SIAR GO BEOLMHAR É. BAINEADH GEIT UAFÁSACH ASAM! CAD DEIRIR - UISCE BEATHA! BHÍ SÉ BUÍ, SEARBH, RÍ-LÁIDIR, ACH BHÍ AN FÍORBHLAS AIR, GAN DABHT. SRUTH BIOTÁILLE A BHÍ AG TEACHT AS AN GCLOICH OS MO CHOMHAIR, AGUS AG IMEACHT LE FÁN GAN ÓL GAN CEANNACH AIR!

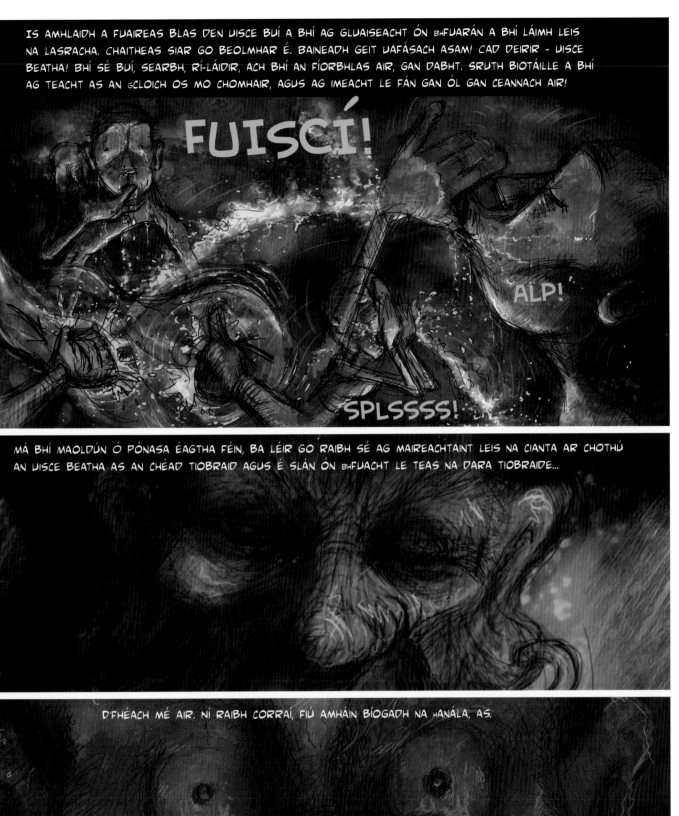

FUISCÍ!

ALP!

SPLSSSS!

MÁ BHÍ MAOLDÚN Ó PÓNASA ÉAGTHA FÉIN, BA LÉIR GO RAIBH SÉ AG MAIREACHTAINT LEIS NA CIANTA AR CHOTHÚ AN UISCE BEATHA AS AN CHÉAD TIOBRAID AGUS É SLÁN ÓN BHFUACHT LE TEAS NA DARA TIOBRAIDE...

D'FHÉACH MÉ AIR. NÍ RAIBH CORRAÍ, FIÚ AMHÁIN BÍOGADH NA HANÁLA, AS.

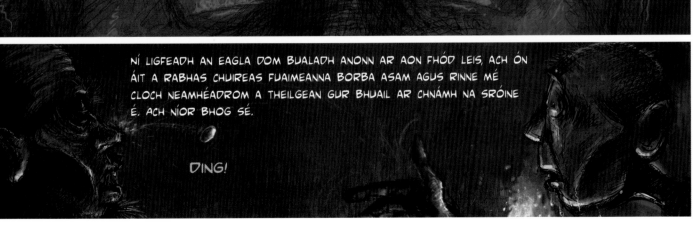

NÍ LIGFEADH AN EAGLA DOM BUALADH ANONN AR AON FHÓD LEIS, ACH ÓN ÁIT A RABHAS CHUIREAS FUAIMEANNA BORBA ASAM AGUS RINNE MÉ CLOCH NEAMHÉADROM A THEILGEAN GUR BHUAIL AR CHNÁMH NA SRÓINE É. ACH NÍOR BHOG SÉ.

DING!

BAINEADH BARRATHUISLE EILE AS MO CHROÍ. CHUALA GLÓR AG TEACHT AS AN MARBHÁN FAOI MAR BHEADH DUINE AG LABHAIRT AR CHÚL BHRAT TROM OLLA, GLÓR PIACHÁNACH LEATHBHÁITE A BHÍ MÍDHAONNA A BHAIN NEART MO CHOLAINNE GO LÉIR DÍOM AR FEADH NÓIMÉIDÍN.

D'FHAN MÉ BALBH, GAN AON CHAOI AGAM AN CHEIST A
FHREAGAIRT. THÁINIG AN GLÓR FAON DEAROIL UAIDH
ARÍS AGUS IS BEAG NÁR CAILLEADH LE NEART
SCANARTHA MÉ.

NÍ FIOS CRÉT FÁ A TUCAD IN CAPITÍN AR IN FER BEC
MONGBUIDE CNEISGEL BECNERTAIG, GUR BA LOC
OCUS AITREB OCUS BUANBHAILE DÓ, IN TEC BEC
AOLBAN IN ESCAL IN GLENNA...

EÉÁÁÁÁÁÁÁ!

ÁÁÁÁÁÁ!

NÍ FHEADAR CÉ ACU RABHARTA TINNIS NÓ SCANARTHA A GHABH MÉ ACH IS
AMHLAIDH A FUAIREAS GREIM EILE AR MO MHISNEACH, AGUS SAN AM AR
MHOTHAÍOS MÓROIBRIÚ NA FIRMIMINTE ATHUAIR BHÍOS AMUIGH FAOI LASCANNA
GÉARA NA FEARTHAINNE, AN MÁLA ÓIR AR MO MHAOLDROIM BÁN AGUS MÉ AG
TITIM LE SRUTH AGUS LE FÁNA ANUAS DEN SLIABH I DTREO NA MÍNTÍRE.

NNNH?!

NUAIR A THÁINIG MÉ CHUGAM FÉIN ARÍS, BHÍ SÉ INA MHAIDIN AGUS BHÍOS-SA SÍNTE AR MO DHROIM AR SHALACHAR BOG RÍ-SHALACH NACH BHFUIL A SHAMHAILT LE FÁIL IN AON ÁIT EILE ACH I GCORCA DORCHA. BHÍ MO CRAICEANN MO CHOIRP GO HUILE STRÓICTHE AGUS PÉ STROMPÁIL BÁIS A GHABH MO LÁMHA LE LINN NA GLUAISEACHTA BHÍ AN MÁLA ÓIR GO SLÁN I MO GHLAIC GO FÓILL. BHÍOS MÍLE SLÍ ÓN DTIGHÍN ÚD AR BHAILE AGUS FÓD CODLATA DOM É.

NUAIR A D'ÉIRÍOS ANÍOS FAOI DHEIREADH CHUIREAS AN MÁLA ÓIR I DTALAMH, AGUS ANSIN GHLUAIS LIOM AG BACAÍOCHT FAOI DHÉIN AN BHAILE. BHÍ AN T-AIRGEAD AGAM, AGUS É SLÁN I BHFOLACH. BHÍ AGAM AGUS BHÍ LIOM.

FUAIREAS AN SEANDUINE LIATH ROMHAM, É INA SHUÍ AR AN LUACHAIR I BHFEIGHIL A PHÍOPA.

M'ANAM ÓN RIACH. TÁ ARDGHLAOCH AR PHRÁTAÍ AGAM TAR ÉIS DOM A BHEITH AG SNÁMHAÍOCHT SA TSÁILE AR MHAITHE LE MO SHLÁINTE!

IS DO-MHÍNITHE AN SAOL ATÁ INNIU ANN I GCORCA DORCHA GO HÁIRITHE. TAMALL Ó SHIN D'IMIGH MUC AR SEACHRÁN UAINN AGUS NUAIR A D'FHILL SÍ BHÍ CULAITH FHIÚNTACH ÉADAIGH UIMPI. D'IMIGH TUSA UAINN LÁN-GHLÉASTA, AGUS TÁ TÚ TAGTHA AR AIS ANOIS AGUS TÚ CHOMH LOMNOCHT AGUS BHÍ TÚ AN CHÉAD LÁ.

SAN AM SEO, BHÍOS-SA AG STIÚRADH NA BPRÁTAÍ Ó BHÉAL GO BOLG, AGUS NÍ BHFUAIR SÉ FREAGRA UAIM.

ALP!

ALP . . ALP!

AN TÉ A BHÍONN TUARTHA LEIS AN AINNISE AGUS AR GHANNTANAS PRÁTAÍ LE LINN A SHAOIL, NÍ GO RÉIDH A THUIGEANN SÉ CAD IS SÓ ANN, NÁ FÓS RIAR AGUS DEA-OIBRIÚ CHEIRD AN TSAIBHRIS. BHÍOS AG MAIREACHTAINT ARÍS AR AN SEAN-NÓS GAELACH GO CIONN BLIANA - FLIUCH, OCRACH, NEAMHFHOLLÁIN, OÍCHE AGUS LÁ, AGUS AN MÁLA ÓIR SLÁN I DTALAMH, GAN É TUGTHA AR BARR FÓS AGAM.

IS IOMAÍ OÍCHE A CHAITHEAS AR AN LUACHAIR I DTÓIN AN TÍ AG SCIÚRSÁIL M'INTINNE LENA SHOCRÚ CAD A DHÉANFAINN LEIS AN AIRGEAD NÓ CÉN NÍ BREÁ NEAMHCHOITIANTA A CHEANNÓIN LEIS. BA DHIAN AGUS BA DHODHÉANTA AN OBAIR Í.

C R A I C !

D'ÉIRÍOS MAIDIN AMHÁIN AGUS NA SPLANCACHA BÁISTÍ ANUAS AS NA SPÉARTHA.

UUUH?!

AN AMHLAIDH, A BHEAN CHÓIR, GO BHFUIL DEIREADH AN DOMHAIN AGUS FOIRCEANN NA HOLLFHIRMIMINTE BUAILTE LINN FAOI DHEIREADH THIAR THALL AGUS GUR THIT CEATHANNA DEARGA ANUAS ORAINN I GCOIM NA HOÍCHE?

NÍ HEA, AGUS NÍ HAMHLAIDH, A THAISCÍN GHRÁNNA, ACH AN SEANDUINE LIATH AG SPALPADH FOLA ANSEO AR FEADH NA MAIDINE.

???

BHÍ COMÓRTAS AR SIÚL IDIR É FÉIN AGUS MÁIRTÍN Ó BÁNASA FÉACHAINT CÉ ACU A THÓGFADH BOLLÁN MÓR CARRAIGE...

UNNNH!

HUP!. . . .

.HUP!

MMMMH. . . .

NNNH!

HUUH!

BHÍ SÉ RIAMH LÁIDIR.

BUADH AR MHÁIRTÍN BOCHT, SLÁN MAR A N-INSTEAR É, ÓIR NÍOR FHÉAD SÉ AN CHLOCH A CHORRAÍ ÓN ÁIT A RAIBH SÍ. BHÍ AN T-ÁDH LEIS AN SEANDUINE MAR BHÍONN I GCÓNAÍ. D'ÉIRIGH LEIS SIN AN CHLOCH A ARDÚ GO DTÍNA CHOIM AGUS BHUAIGH SÉ PÉ GEALL A BHÍ EATARTHU.

RÁÁÁGH!

ERÁÁ!

NNF!

ULP . . . .

ACH ANSIN AR IOMAD A MEÁCHANA, THIT AN CHLOCH AS A LÁMHA AGUS THÁINIG ANUAS GO TUBAISTEACH AR A DHÁ CHOIS GUR PHLÉASC IAD AGUS GUR BHRIS GACH CNÁMH AGIS CNÁIMHÍN IONTU.

CRÁÁAC!

ÁÁÁEEEEÁÁÁ!

NÍ RAIBH AON CHOINNE AGAM GO RAIBH AN OIREAD SEO FOLA SA TSEANDUINE.

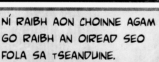

MÁ BHÍ... NÍL.

CHUIR SÉ SEO AG MACHNAMH MÉ. DÁ MBEADH BRÓGA Á GCAITHEAMH AG AN SEANDUINE BA LÚ AN DÍOBHÁIL A BHEADH DÉANTA NUAIR A THÁINIG AN CHLOCH ANUAS SNA SPÁGA AIR. CÁ BHFIOS DOM NACH NDÉANFAÍ MO CHOSA FÉIN A LEONADH AGUS A LOT AR AN GCUMA CÉANNA? CÉARD AB FHEARR A CHEANNÓINN NÁ PÉIRE BRÓG?

AN CHÉAD LÁ EILE, B'EO LIOM AG TARRAINGT AR AN ÁIT A RAIBH AN MÁLA ÓIR I DTALAMH AGAM. CASADH MÁIRTÍN Ó BÁNASA LIOM AR AN MBÓTHAR AGUS CHUIREAS CEISTEANNA AIR I DTAOBH CÚRSAÍ SIOPADÓIREACHTA, CEIRD NACH RAIBH AON TAITHÍ AGAM UIRTHI.

CEIST ORT, A MHÁIRTÍN, A CHARA, AN BhFUIL AON FHOCAL AGAT AR BHRÓGA?

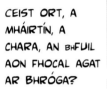

TÁ SIN. IS CUIMHNEACH LIOM GO RABHAS LÁ I NDOIRE AGUS BHÍOS AG CÚLÉISTEACHT SA CHATHAIR SIN. CHUAIGH FEAR ISTEACH I SIOPA ANN AGUS CHEANNAIGH SÉ BRÓGA. CHUALA MÉ GO SOILÉIR AN FOCAL A DÚIRT SÉ LE FEAR AN TSIOPA - "BOOTSUR". GAN AMHRAS, SIN AN BÉARLA CEART AR BHRÓGA, BOOTSUR.

GABHAIM BUÍOCHAS LEAT, A MHÁIRTÍN, AGUS BUÍOCHAS EILE AR MHULLACH AN BHUÍOCHAIS SIN.

BHOGAS LIOM. BHÍ AN MÁLA ÓIR SLÁN MAR AR FHÁGAS É. BHAINEAS FICHE PINGIN ÓIR AS AGUS CHUIREAS I DTALAMH ARÍS

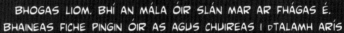

NUAIR A BHÍ AN OBAIR SIN DÉANTA, BHAILÍOS LIOM GO GROÍ AG TARRAINGT AR CHATHAIR ÉIGIN A CHASFAÍ LEAT AN UAIR SIN SA TREO SIAR - GAILLIMH NÓ CATHAIR SAIDHBHÍN, NÓ ÁIT ÉIGIN EILE MAR SIN.

BHÍ A LÁN TITHE AGUS SIOPAÍ AGUS DAOINE ANN, AGUS GNÓ AR SIÚL GO CALLÁNACH AR GACH TAOBH.

CHUARDAÍOS AN BAILE GO DTÍ GO DTÁNAG SUAS LE SIOPA BRÓG AGUS ISTEACH LIOM GO HAIGEANTACH.

DING!

DING!

BHÍ FEAR RAMHAR LÁCH ISTIGH I BhFEIGHIL AN TSIOPA AGUS NUAIR A LEAG SÉ SÚIL ORM, CHUIR SÉ A LÁMH INA PHÓCA AGUS THAIRG SÉ PINGIN RUA DOM.

84

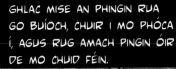
GHLAC MISE AN PHINGIN RUA GO BUÍOCH, CHUIR I MO PHÓCA Í, AGUS RUG AMACH PINGIN ÓIR DE MO CHUID FÉIN.

AWAY NOW, ISLANDMAN.

ANOIS, BOOTSUR!

BOOTS?

BOOTSUR.

SHEAS SÉ AR FEADH I bhFAD AG BREATHNÚ ORM. ANSIN, BHOG SÉ SIAR AGUS FUAIR SÉ A LÁN PÉIRÍ BRÓG. THAIRG SÉ MO ROGHA DOM. GHLACAS AN PÉIRE BA GHALÁNTA; GHLAC SEISEAN UAIM AN PHINGIN ÓIR AGUS GHABHAMAR ARAON BUÍOCHAS LENA CHÉILE. CHUACH MISE NA BRÓGA ISTEACH I SEANSAC A BHÍ LIOM AGUS D'IMÍOS AR MO BHEALACH AG TARRAINGT AR AN mBAILE.

ACH BHÍ FAITÍOS AGUS NÁIRE ORM I dTAOBH NA mBRÓG. Ó LÁ NA FEISE MÓIRE, NÍ RAIBH BRÓG NÁ RIAN BRÓIGE LE hAIRIÚ I gCORCA DORCHA. CÚIS MHAGAIDH AGUS GHRINN AG NA DAOINE NA NITHE GEALA LEATHAIR SIN.

BHÍ EAGLA ORM GO mBEINN FÉIN MAR ÁBHAR SCIGE I LÁTHAIR NA gCOMHARSAN MURA bhFÉADFAINN IAD A OILIÚINT ROIMH RÉ AR AN NGALÁNTACHT AGUS AR AN MÚINEADH A BHÍ I mBRÓGA. SHOCRAÍOS NA BRÓGA A CHUR I bhFOLACH AGUS AN CHEIST A MHEABHRÚ AR MO SHUAIMHNEAS.

TAR ÉIS MÍOSA NÓ MAR SIN, BHÍOS AG ÉIRÍ MÍCHÉADFACH I DTAOBH NA MBRÓG CÉANNA. BHÍODAR AGAM, ACH NÍ RABHADAR. BHÍODAR I DTALAMH AGUS GAN AON TAIRBHE AGAM DE BHARR MO CHEANNAIGH. NÍ RABHADAR RIAMH AR MO CHOSA AGUS NÍ RAIBH FIÚ AMHÁIN NÓIMÉAD TAITHÍ AGAM ORTHU. MURA BHFAIGHINN I NGAN FHIOS CLEACHTADH ÉIGIN ORTHU AGUS AR CHEIRD NA BRÓG-GHLUAISEACHTA GO HUILE, NÍ BHEADH DE DHÁNAÍOCHT IONAM GO DEO IAD A CHAITHEAMH I LÁTHAIR AN PHOBAIL.

SSSHHH!

OÍCHE AMHÁIN D'ÉIRÍOS AS AN LUACHAIR CODLATA FAOI CHEILT, AGUS AMACH LIOM AR FUD NA DOININNE. GHLUAISEAS GO DTÍ UAIGH NA MBRÓG, GUR THOCHAIL ANÍOS IAD GO BARR TALÚN.

BHÍODAR SLEAMHAIN FLIUCH BOG SOLÚBTHA, AGUS CHUIREAS MO CHOSA IONTU GAN MÓRCHUID DUA.

CHEANGLAÍOS NA HIALLACHA AGUS AS GO BRÁCH LIOM AG TAISTEAL NA TÍRE, AN GHAOTH NIMHNEACH DO MO RÉABADH AGUS NA RÁIGEANNA BÁISTÍ AG CLAGARNAIGH GO ABOMNABUIL AR MHULLACH MO CHINN.

YAHÚÚÚÚÚÚÚÚ!

IS DÓIGH LIOM GO RAIBH DEICH MÍLE SIÚLTA AGAM SAN AM AR CHUIREAS NA BRÓGA ARÍS I DTALAMH.

CUC-A-DÚ-DIL-ÚÚÚ!!!!

BHÍ TRÁTH NA bPRÁTAÍ MAIDINE ANN NUAIR A DHÚISÍOS AGUS NÍ RABHAS I gCEART AR MO BONNAÍ GUR MHOTHAÍOS GO RAIBH RUD ÉIGIN SA tSAOL BUNOSCIONN.

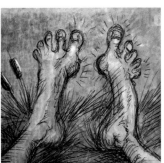

UH?

UUUH!

AN AMHLAIDH, A AINNIR IONMHAIN, GO bhFUIL DEIREADH NA HAINNISE GAELAÍ ANOIS ANN AGUS NA BOCHTÁIN AG BRATH LE CRÍOCHPHLÉASADH AN DOMHAIN MHÓIR?

CÉN DROCHSCÉALA ATÁ TAGTHA AR AN mBAILE NÓ CAD Í AN TREASCAIRT NUA ATÁ I NDÁN DO GHAELAIBH?

IS MEASA NÁ SIN ATÁ AN SCÉAL, IS DÓIGH LIOM.

GHLUAISEAS LIOM AMACH. BHRAITHEAS MÁIRTÍN Ó BÁNASA LASMUIGH I NGORT AGUS É AG FAIRE GO SCÁFAR AR AN TALAMH.

BHÍ AN DROCHRUD I gCORCA DORCHA ARÉIR.

AN DROCHRUD?

AN CAT MARA. FÉACH AN LORG SIN AGUS AN LORG EILE SEO - IAD AG GLUAISEACHT TRASNA NA TÍRE!

UUUUUUH!

NÍ DAOINE NÁ BEITHÍGH NÁ COS AON tSAMPLA SHAOLTA A D'FHÁG ANN IAD ACH AN CAT MARA AS TÍR CHONAILL.

IS FÍOR DHUIT!

MHAIR AN T-IONTAS SEO DHÁ LÁ, GACH AOINNE AG BRATH GO DTIOCFADH AN SPÉIR ANUAS ORAINN...

BHÍ EAGLA ORM AN FHÍRINNE A CHUR IN IÚL DÓIBH, ÓIR BA DHEACAIR A RÁ AN RACHADH SIAD AG MAGADH FÚM NÓ I gCIONN MO THREASCARTHA.

BHÍOS-SA GO SUAIMHNEACH LE LINN AN AMA SEO, MÉ SLÁN Ó EAGLA AGUS AG BAINT AOIBHNIS AS AN EOLAS FAOI LEITH A BHÍ AGAM I NGAN FHIOS. FUAIREAS MOLADH ÓNA LÁN DAOINE MAR GHEALL AR MO MHISNEACH.

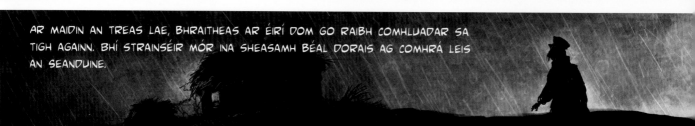

AR MAIDIN AN TREAS LAE, BHRAITHEAS AR ÉIRÍ DOM GO RAIBH COMHLUADAR SA TIGH AGAINN. BHÍ STRAINSÉIR MÓR INA SHEASAMH BÉAL DORAIS AG COMHRÁ LEIS AN SEANDUINE.

CNAG!

CNAG!

CNAG!

NNH?

BHÍ DEA-ÉADACH DÚGHORM UIME, CNAIPÍ GEALA AGUS BRÓGA BITHMHÓRA AIR.

NIIAAAH!

MHOTHAÍOS BÉARLA SEARBH AG TEACHT UAIDH AGUS AN SEANDUINE AG IARRAIDH É A CHEANSÚ IDIR GHAEILGE AGUS BHÉARLA BRISTE.

?!

SAN AM AR AIRIGH AN STRAINSÉIR MISE I DTÓIN AN TÍ STOP SÉ DEN CHAINT AGUS LÉIM ISTEACH TRASNA NA LUACHRA GUR THÁINIG SUAS LIOMSA. DUINE BORB BALCÁNTA A BHÍ ANN AGUS CHUIR SÉ MO CHROÍ AG PREABARNAIGH LE FAITÍOS. RUG SÉ GREIM DAINGEAN AR SCIATHÁN ORM.

PHWAT IS YER NAM?

JAMS O'DONNELL.

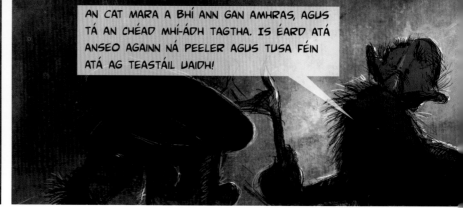

AN CAT MARA A BHÍ ANN GAN AMHRAS, AGUS TÁ AN CHÉAD MHÍ-ÁDH TAGTHA. IS ÉARD ATÁ ANSEO AGAINN NÁ PEELER AGUS TUSA FÉIN ATÁ AG TEASTÁIL UAIDH!

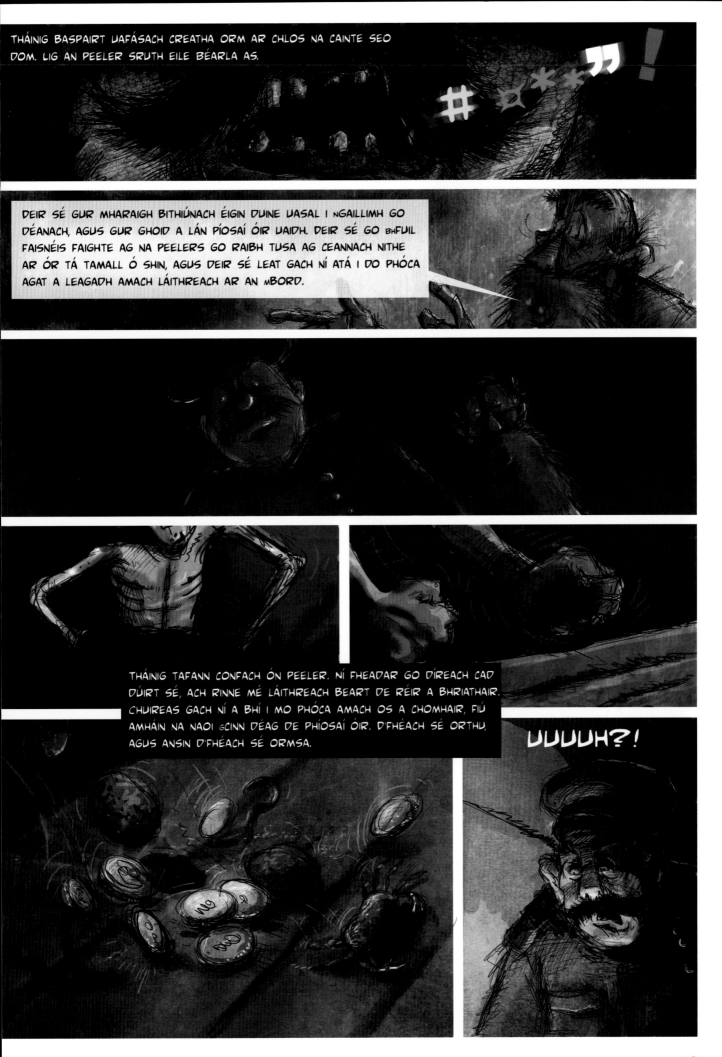

NUAIR A BHÍ LÁN A DHÁ SHÚIL GLACTHA AIGE, D'AISEAG SÉ AMACH SCREADANNA EILE BÉARLA AGUS RUG GREIM NÍOS DAINGNE AR MO SCIATHÁN.

IS ÉARD A DEIR SÉ NÁ GUR MHAITH AN RUD DÁ RACHFÁ IN ÉINEACHT LEIS.

TAR ÉIS NA HABAIRTE SIN A BHEITH CLOISTE AGAM, IS EAGAL LIOM GUR SCAR NA CÉADFAÍ LIOM AGUS NÁR AITHIN MÉ OÍCHE THAR LÁ GEAL NÁ FEARTHAINN THAR AN FÓD TIRIM SAN AM SIN I DTÓIN AN TÍ.

BHÍ DORCHADAS ANUAS ORM, AGUS GANNTANAS CÉILLE AGUS NÍOR THUIGEAS FAIC ACH AMHÁIN GO RAIBH GREIM DAINGEAN AG AN PEELER ORM, AGUS GO RABHAMAR AG GLUAISEACHT LE CHÉILE AR AN mBÓTHAR I bHFAD I GCÉIN Ó CHORCA DORCHA MAR AR CHAITH MÉ MO SHAOL AGUS MAR A RAIBH CÓNAÍ AR MO CHAIRDE AGUS MO DHAOINE MUINTEARTHA Ó CHIANAIBH.

TÁ LAGCHUIMHNE AGAM A BHEITH I GCATHAIR MHÓR A BHÍ LÁN DE DHAOINE UAISLE LE BRÓGA ORTHU; BHÍODAR AG CAINT GO MACÁNTA LE CHÉILE, AG GLUAISEACHT THAR BRÁID AGUS AG DUL IN AIRDE AR CHÓISTÍ; NÍ RAIBH BÁISTEACH AG TEACHT ANUAS AGUS NÍ RAIBH AN AIMSIR FUAR.

TÁ LEATHCHUIMHNE AGAM A BHEITH ISTIGH I BPÁLÁS UASAL, SEAL IN ÉINEACHT LE SLUA MÓR PEELERS A BHÍ AG CAINT LIOMSA AGUS LE CHÉILE I MBÉARLA, SEAL I GCARCAIR. NÍOR THUIGEAS FAIC DÁ RAIBH AR SIÚL MÓRTHIMPEALL ORM, NÁ BRIATHAR DEN CHAINT NÁ DEN CHEISTIÚCHÁN A CUIREADH ORM.

TÁ TUAIRIM AGAM CHOMH MAITH GO RABHAS AR CHUIDEACHTAIN I HALLA MÓR GREANTA I BHFIANAISE DUINE UASAIL A RAIBH FOLT BRÉIGE BÁN AIR; BHÍ A LÁN DAOINE GALÁNTA EILE ANN, CUID ACU AG CAINT CORRUAIR, ACH AN MHÓRCHUID AG ÉISTEACHT.

TRÍ LÁ A LEANADH DEN OBAIR SEO AGUS NUAIR A BHÍ SEO THART CREIDIM GUR CUIREADH I GCARCAIR ARÍS MÉ.

ACH IONTAS A THÁINIG ORM NUAIR A BHRAITHEAS NACH SOIR I ᴅTREO AN BHAILE A BHÍOS AG
GLUAISEACHT LEIS AN ᴍBEIRT PEELERS ACH GO ᴅTÍ BALL ÉAGSÚIL AR A ᴅTUGADAR STATION (STÉISIN).

BHÍOMAR ANSIN TAMALL, MISE AG BREATHNÚ UAIM GO SPÉISIÚIL AR CHÓISTÍ MÓRA AG DUL THAR
BRÁID, AG BRÚ ROMPU RUDAÍ MÓRA DUBHA IARAINN A BHÍ AG SMÚSAÍL AGUS AG CASACHTAIGH AGUS
AG LIGEAN PLÚCHANNA DEATAIGH ASTU.

IS FOLLAS NACH AON DEA-RÉITEACH ATÁ ORTSA SAN AM SEO.

AN DTUIGEANN TÚ CAD TÁ GNÓTHAITHE AGAT GO DÉANACH Ó NA DAOINE UAISLE AGUS NA BOIC MHÓRA SA BHAILE SEO?

NÍ THUIGIM FAIC,

TAITNÍONN AN ÁIT SEO GO MAITH LIOM.

TÁ NAOI MBLIANA IS FICHE SA CHARCAIR GNÓTHAITHE AGAT, A CHARA, AGUS TÁTHAR DO DO BHREITH GO DTÍ AN CHARCAIR EILE SIN ANOIS.

BHÍ TAMALL BEAG MOILLE ANN SULAR THUIGEAS BRÍ NA CAINTE SEO. ANSIN, THIT MÉ SÍOS I MO CHNAP LAIGE AR AN TALAMH AGUS IS CINNTE GO MBEINN AR AN ORDÚ SIN GO CIONN I BHFAD ACH GUR CAITHEADH BUICÉAD UISCE ORM.

UNNNF!

?

PSSSS!

UUGH!

NUAIR A CUIREADH AR MO BHONNAÍ ARÍS MÉ, BHÍOS ÉADROM SA CHEANN AGUS AR LEATHCHIALL.

PÍÍÍÍP!

PRÁAH!

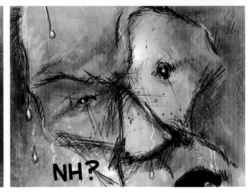

NH?

ANSIN, THÁINIG MO SHÚIL AR FHEAR AMHÁIN AGUS, GAN AON CHOMHAIRLE UAIMSE, D'FHAN AIR.
AR FHÉACHAINT AIR, BA DHÓIGH LIOM GUR CHEART DOM AITHNE A BHEITH AGAM AIR.

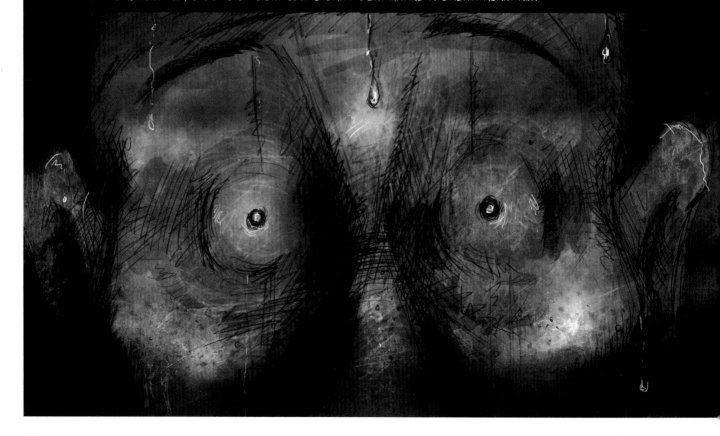

PHWAT IS YER NAM?

JAMS O'DONNELL.

THIT AN T-IONTAS AGUS AN T-ÁTHAS ANUAS ORM MAR THITFEADH SPLANC THINTRÍ AS AN SPÉIR NEIMHE.

IS É IS AINM AGUS SLOINNE DOMSA FÉIN, JAMS O'DONNELL FREISIN, IS TUSA M'ATHAIR AGUS IS FOLLAS GO bhFUILIR TAGTHA AS AN GCRÚISCÍN!

M'ATHAIR! M'ATHAIR FÉIN! M'ATHAIRÍN FÉINIG, MO DHUINE MUINTEARTHA, MO BHUN-GHINTEOIR, MO CHARA!

DEIRTEAR LIOM GO bhFUIL NAOI mBLIANA IS FICHE TUILLTE AGAM SA CHRÚISCÍN CÉANNA.

MO MHAC! MO MHAICÍN! MO MHICÍN!

ABAIR LE MO MHÁTHAIR GO mBEIDH MÉ AR AIS...

NAOI mBLIANA IS FICHE ATÁ DÉANTA AGAMSA SA CHRÚISCÍN, AGUS GO DEIMHNEACH IS MÍGHREANTA AN ÁIT Í.

'SEA, B'IN É AN T-AON UAIR AR LEAGAS SÚIL AR M'ATHAIR AGUS AR LEAG SEISEAN SÚIL ORMSA - NÓIMÉIDÍN AMHÁIN SA STÉISIN, AGUS ANSIN AN TSÍORSCARÚINT GO DEO.

GO DEARFA, IS AGAMSA A BHÍ AN T-ANRÓ GAELACH I RITH MO SHAOIL - AN CRUATAN, AN GÁTAR, AN T-ANÁS, AN ANCHAOI, AN ANACAIR, AN T-ANCHOR, AN AINNISE, AN GORTA AGUS AN MÍ-ÁDH.

NÍ DÓIGH LIOM GO mBEIDH MO LEITHÉID ARÍS ANN.

CRÍOCH